Chouette

6e

11-12 ANS

W0361718

Rédaction

Annick Chekroun
Isabelle Neumann

© Hatier, Paris, 2019 – ISBN : 978-2-401-05116-4

Hatier

Ton parcours de révision

Commence par faire le test pour te situer. Coche la case ☐ quand tu as révisé un chapitre.

Les emplois du passé composé

- Le passé composé exprime un **fait passé** par rapport au moment où l'on parle.

  Sempé et Goscinny ***ont écrit*** *le premier livre de la série* Le Petit Nicolas *en 1959.*

- Dans la langue courante orale et écrite, le passé composé remplace le passé simple.

  Sempé ***s'est lancé*** *à 19 ans dans le dessin humoristique.*

- À l'écrit, dans un langage plus soutenu, on trouverait le passé simple (*se lança*).

4 **Ce texte est présenté au passé simple, mais il a été écrit au passé composé. Redonne-lui sa forme d'origine.**

L'inspecteur rit beaucoup, mais comme il vit que personne ne disait rien dans la classe, il remit ses sourcils en place, il toussa et il dit : « Bon, assez ri, au travail. » « Nous étions en train d'étudier les fables, dit la maîtresse, *Le Corbeau et le Renard*. » « Parfait, parfait, dit l'inspecteur, eh bien, continuez. » La maîtresse fit semblant de chercher au hasard dans la classe, et puis, elle montra Agnan du doigt : « Vous, Agnan, récitez-nous la fable. » Mais l'inspecteur leva la main. « Vous permettez ? » il dit à la maîtresse, et puis, il montra Clotaire. « Vous, là-bas, dans le fond, récitez-moi cette fable. » Clotaire ouvrit la bouche et il se mit à pleurer.

Jean-Jacques Sempé et René Goscinny, « On a eu l'inspecteur », in *Le Petit Nicolas*, © Gallimard Jeunesse, 2007.

ATTENTION

Il y a quatorze verbes à modifier. Comme le passé composé est formé de deux éléments, tu vas être amené à changer certains mots de place. Ne modifie que les verbes au passé simple.

5 **À TOI DE JOUER**

Toi aussi, tu as peut-être vécu une visite de l'inspecteur avec une maîtresse, un maître ou un professeur. Sur ton cahier de rédaction, raconte en une dizaine de lignes comment cela s'est passé. Tu utiliseras le passé composé pour rédiger ton récit.

COUP DE POUCE

- Si tu n'as jamais connu de visite d'inspecteur ou si cela ne t'a pas laissé de souvenir mémorable, tu peux l'imaginer.
- À la manière du Petit Nicolas, tu peux mettre de l'humour dans ton récit !

Corrigés p. 3

ÉCRIRE SANS FAUTE

5 Employer le passé simple et l'imparfait

Les terminaisons du passé simple

- Voici les terminaisons du passé simple, que l'on ajoute au radical. Attention, il existe différents modèles pour le 3e groupe ; seul le plus courant est reproduit ici (*mettre*) :

1er groupe et *aller*	-ai, -as, -a, -âmes, -âtes, -èrent *je dansai, tu dansas, il dansa, nous dansâmes, vous dansâtes, ils dansèrent*
2e et 3e groupes	-is, -is, -it, -îmes, -îtes, -irent *je finis, tu finis, il finit, nous finîmes, vous finîtes, ils finirent* *je mis, tu mis, il mit, nous mîmes, vous mîtes, ils mirent*

- Voici les formes des verbes **être** et **avoir** :
  Être : je fus, tu fus, il fut, nous fûmes, vous fûtes, ils furent.
  Avoir : j'eus, tu eus, il eut, nous eûmes, vous eûtes, ils eurent.

★ 1 **Relève les verbes au passé simple, puis indique leur infinitif et leur groupe.**
Hercule accomplit douze travaux sous les ordres d'Eurysthée. Il délivra le monde des monstres. Ovide et d'autres poètes rendirent ses exploits célèbres.

....

....

★ 2 **Complète ce texte en conjuguant les verbes entre parenthèses au passé simple.**

À dix-huit ans, Hercule (accomplir) .... son premier exploit. Il (décider) .... de débarrasser la ville de Thespies du lion du Cithéron. Pour cela, il (s'installer) .... chez le roi Thespios. Au bout de cinquante jours, il (réussir) .... à tuer la bête.

ATTENTION
Prends garde à la terminaison des verbes du 1er groupe à la 3e personne du singulier.

★★ 3 **Réécris les phrases suivantes en mettant les verbes conjugués au passé simple.**

1. Hercule ramène vivant le sanglier d'Érymanthe.

....

2. Il capture une biche d'une taille gigantesque.

....

3. Les oiseaux du lac Stymphale ravagent la région ; Eurysthée demande alors à Hercule de les détruire.

....

ATTENTION
Prends garde aux accords du verbe avec le sujet.

Deux temps complémentaires dans un récit classique

- Dans un récit classique, l'**imparfait** sert à décrire le temps, le décor et les personnages. Le **passé simple** introduit des **faits soudains**.

*Le lion de Némée **habitait** dans une caverne à deux issues ; il **était** invulnérable.*
*Hercule **commença** à tirer sur lui avec l'arc, mais en vain.*

- Les verbes ***habitait*** et ***était*** sont à l'imparfait ; ils décrivent le lion.
- Le verbe ***commença*** est au passé simple ; il indique une action soudaine.

4 **Souligne les verbes à l'imparfait et au passé simple, puis précise à chaque fois leur emploi** (description ou fait soudain)**.**

Diomède était un roi de Thrace qui détenait des juments se nourrissant de chair humaine. Elles étaient quatre. Pour les calmer, Hercule leur donna Diomède en guise de repas. Dociles, les juments suivirent le dieu.

était : *imparfait, description* ; ....

....

....

COUP DE POUCE
Pour repérer les verbes au passé simple, tu peux les faire précéder d'un adverbe : *soudain*...

5 **Transpose ce texte au passé en respectant les emplois du passé simple et de l'imparfait.**

Augias a de son père de nombreux troupeaux, mais il ne prend aucun soin des écuries et laisse le fumier s'entasser. Hercule se charge alors de nettoyer les écuries. Le héros réalise cet exploit en détournant le cours de deux fleuves.

....

....

....

....

6 À TOI DE JOUER

Sur ton cahier de rédaction, raconte au passé simple et à l'imparfait le deuxième travail d'Hercule représenté sur ce vase grec.

Héraclès et l'Hydre de Lerne, amphore à figures noires, 540-530 av. J.-C., peintre de Princeton, musée du Louvre, Paris.

COUP DE POUCE
Commence par décrire à l'imparfait Hercule (à gauche sur l'image) et l'Hydre puis raconte l'exploit d'Hercule au passé simple.

INFO
L'Hydre de Lerne était une créature terrifiante possédant neuf têtes, dont l'une était invincible. Héraclès est le nom grec d'Hercule

Corrigés p. 4

6 Employer l'impératif présent

La conjugaison de l'impératif présent

- Les terminaisons de l'impératif sont les mêmes qu'à l'indicatif présent : **-s, -ons, -ez** (*Finis ! Mettons ! Partez !*). Sauf pour la 2e personne du singulier des verbes du 1er groupe, qui se termine en **-e** (*Marche ! Raconte-nous !*).
- Quelques verbes changent de radical à l'impératif :
  savoir : sache, sachons, sachez ;
  vouloir : veux, veuille ; voulons ; voulez, veuillez.
  être : sois, soyons, soyez ; **avoir** : aie, ayons, ayez.

★ 1 Souligne les quatre formes verbales à l'impératif présent.

Il faut penser à la planète que vous allez laisser aux futures générations. Ainsi, préservez l'environnement, sensibilisez les gens qui vous entourent aux éco-gestes ! Quand vous accompagnez vos enfants à l'école, évitez la voiture ! Privilégions la marche !

★ 2 Transforme ces consignes en les mettant à l'impératif présent.

1. Tu ne jettes pas tes déchets dans la nature.

2. Vous participez au nettoyage des plages.

3. Tu utilises des produits naturels contre les insectes.

4. Tu ne dois pas recourir aux huiles solaires qui se dissolvent dans l'eau.

ATTENTION
Dans la dernière phrase, c'est le verbe *recourir* que tu dois mettre à l'impératif.

★★ 3 Voici une liste de recommandations écologiques. Mets-les à la deuxième personne du singulier de l'impératif présent.

1. Réduire la consommation d'eau. Par exemple, boucher l'évier pour faire une vaisselle à la main.

2. Faire des économies d'énergie : éteindre la lumière quand on quitte une pièce.

ATTENTION
Vérifie que tu as utilisé quatre fois la terminaison -s et deux fois la terminaison *-e*.

3. Être attentif à l'environnement et avoir le bon geste écologique.

....

....

4 **Conjugue les verbes suivants à toutes les personnes de l'impératif présent.**

2e pers. du singulier	1re pers. du pluriel	2e pers. du pluriel
Attends-le !	....	....
....	Allons-nous-en !	....
....	....	Écoutez-vous !
Dis-le !	....	....
....	Faisons-le !	....

ATTENTION
N'oublie pas le trait d'union entre l'impératif pluriel et le pronom.

Les valeurs de l'impératif

- Comme l'indicatif ou le subjonctif, l'impératif est un mode.
  Il sert à exprimer :
  - un **ordre** : ***Éteignez*** *la lumière en partant !*
  - une **défense** (avec ne... pas) : *Ne* ***mélange*** *pas le plastique avec le papier !*
  - un **conseil** : *Si tu as froid,* ***mets*** *un pull au lieu d'augmenter le chauffage.*
- Pour exprimer un ordre qui s'adresse à tous, on emploiera l'infinitif.
  Préserver l'environnement est une priorité.

5 **Souligne les trois impératifs du dialogue suivant, puis indique leur valeur.**

– Où est passé Matthieu ?
– Il est allé à la conférence sur le climat organisée à la mairie. Ne l'attendons pas, cela risque de durer encore longtemps.
– Envoie-lui un message pour qu'il nous retrouve après.
– Bonne idée. Et maintenant, allons-y !

1. ....
2. ....
3. ....

6 À TOI DE JOUER

Pour ta classe de sixième, rédige une charte de l'environnement à la première personne du pluriel de l'impératif présent.

Ex. : *Installons des poubelles pour recycler les piles.*

1. ....
2. ....
3. ....

COUP DE POUCE
Tu dois rédiger trois consignes concernant la vie de la classe. Par exemple, l'utilisation du papier ; la gestion des déchets, etc.

Corrigés p. 4

7 Former des phrases complètes

La phrase

- Une phrase est un ensemble de mots grammaticalement organisé qui a un sens. Au début d'une phrase, il faut mettre une **majuscule**.

  Le journal Mon Quotidien *est destiné aux enfants.*

- Les signes de **ponctuation** forte (point ; point d'interrogation ; point d'exclamation) marquent la fin d'une phrase.

  Un journal est une publication contenant des articles sur l'actualité du jour.
  Qu'est-ce qu'un journal ?
  Mon père adore lire les journaux !

1 **Rétablis les majuscules et la ponctuation forte de ces phrases.**

un secret caché par les grands arbres de la jungle du Guatemala, en Amérique centrale, a été découvert en effet, au mois de mars 2009, des archéologues ont trouvé de très vieilles sculptures créées par le peuple maya : il s'agit d'un système de récolte des eaux de pluie ce système est décoré avec des frises, des motifs qui représentent les héros du Popol Vuh, livre sacré écrit par le peuple maya ces fresques ont été sculptées dans une pierre appelée le stuc 300 ans avant notre ère elles mesurent 4 mètres de long sur 3 mètres de haut alors, les Mayas, à cette époque, simples paysans non puisqu'ils étaient déjà capables de produire des œuvres d'art

COUP DE POUCE
- Tu dois insérer sept majuscules, quatre points, un point d'interrogation, deux points d'exclamation.
- Utilise les points d'exclamation pour mettre certaines phrases en valeur.

Phrases verbales et phrases nominales

- Les phrases verbales sont les plus courantes. Elles s'organisent autour d'**un verbe**.

  *Le journaliste **rédige** un article.*

- Les phrases nominales ne contiennent pas de verbe conjugué. Elles s'organisent autour d'**un nom**. On les rencontre souvent dans les titres de journaux.

  ***Victoire** de la France au championnat du monde d'escrime.*

2 **Souligne les deux phrases nominales en rouge et les deux phrases verbales en vert. Entoure le verbe conjugué dans les phrases verbales.**

1. Des dessins de Léonard de Vinci découverts au dos d'un tableau !
2. Le squelette d'un mammouth mort il y a 40 000 ans a été découvert à Los Angeles.
3. Une tigresse et une truie ont échangé leurs petits dans un zoo en Thaïlande.
4. Création d'un parc naturel sur l'île de Bornéo pour prendre soin des orangs-outans.

3 **Transforme les phrases nominales en phrases verbales et les phrases verbales en phrases nominales.**

1. Une banque a été cambriolée. → ....
2. Découverte d'un trésor en Égypte. → ....

3. Rencontre des chefs d'État français et américain à Washington. → ....

....

4. Des alpinistes français ont conquis l'Everest. → ....

....

Phrases simples et phrases complexes

- Une phrase peut comprendre une ou plusieurs propositions (une proposition est un groupe de mots composé généralement d'un sujet, d'un verbe et de compléments).
- Une phrase **simple** est composée d'**un seul verbe** conjugué. C'est une proposition indépendante.

  Une gardienne de zoo a adopté un bébé lémurien.

- Une phrase **complexe** est composée de **plusieurs verbes** conjugués. Elle compte autant de propositions que de verbes conjugués (2 verbes conjugués = 2 propositions).

  [Une gardienne de zoo a adopté un bébé lémurien] [qui avait été rejeté par sa mère.]

4 **Indique si ces phrases sont simples** (S) **ou complexes** (C). **Puis découpe les phrases complexes en séparant les propositions d'un trait vertical.**

1. Les restes d'un serpent préhistorique ont été découverts en Colombie.	❑ S ❑ C
2. L'armée russe fabrique des armes gonflables car elle veut tromper l'adversaire en faisant peur à moindre coût.	❑ S ❑ C
3. Le rhinocéros de Java est le mammifère le plus rare du monde puisque moins de 60 spécimens sont encore en vie actuellement.	❑ S ❑ C

5 **Ajoute une deuxième proposition à ces phrases pour en faire des phrases complexes.**

1. Le 22 avril a lieu la « journée de la Terre », qui ....

....

....

2. Le « Nobel vert » est un prix décerné à ceux qui se battent pour préserver la planète

afin que ....

....

....

COUP DE POUCE
Pour compléter ces phrases, tu peux faire des recherches sur Internet ou tout simplement inventer une réponse.

6 **À TOI DE JOUER**

Sur ton cahier de rédaction, développe ces titres en des brèves formées de deux ou trois phrases.

1. De plus en plus de vols de sacs à main dans le métro !
2. Un homme escalade la tour Eiffel à mains nues !

INFO
Une brève est un texte de quelques lignes qui résume l'essentiel d'une information.

Corrigés p. 5

ÉCRIRE SANS FAUTE

8 Construire une question

Les caractéristiques d'une question

▸ Une question commence par une majuscule et se termine par un point d'interrogation.

As-tu une vedette préférée ?

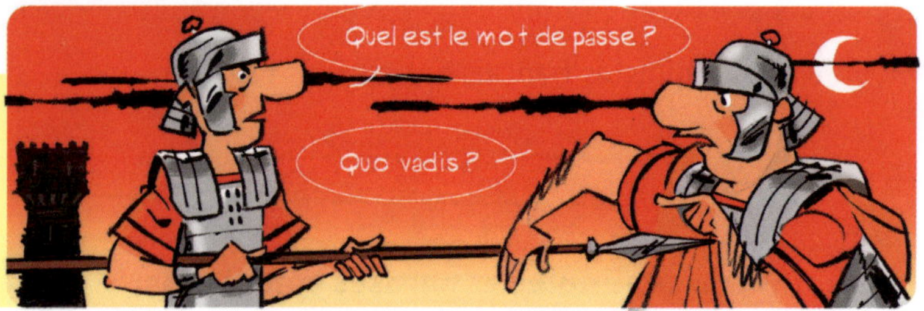

★ 1 Modifie les phrases suivantes pour qu'elles présentent les caractéristiques de questions.

1. quelles ont été vos scènes préférées – **2.** quel effet cela fait-il de devenir star en si peu de temps – **3.** les chorégraphies sont-elles difficiles – **4.** est-ce que vous vous entendez tous bien

COUP DE POUCE
Réécris chaque phrase avec la majuscule et le point d'interrogation qui manquent.

Les différentes constructions d'une question

▸ Il y a trois façons de poser une question :
- en inversant le sujet (niveau de langue soutenu) ;

  ***Êtes-vous** surpris de votre succès ?*
- en la faisant commencer par *Est-ce que* (niveau de langue courant) ;

  ***Est-ce que** vous êtes surpris de votre succès ?*
- en gardant le modèle d'une phrase déclarative et en ajoutant seulement un point d'interrogation à la fin (niveau de langue familier).

  ***Vous êtes** surpris de votre succès ?*

★★ 2 Transforme ces phrases déclaratives en questions.
Tu utiliseras à chaque fois les trois types de construction.

Ex. : *Tu aimes les chansons françaises.* [phrase déclarative]
[questions] *Aimes-tu les chansons françaises ? Est-ce que tu aimes les chansons françaises ? Tu aimes les chansons françaises ?*

1. Tu connais Michael Jackson, le roi de la pop.

→ ....

→ ....

→ ....

2. Il a vendu un nombre record d'albums.

→ ....

→ ....

→ ....

ATTENTION
Pour la 2e phrase, tu vas devoir intercaler un *t* entre le *a* et le *il* pour construire la question sous une forme soutenue (*a-t-il*).

3 Pose les questions correspondant aux réponses suivantes. Tu utiliseras à chaque fois les trois types de construction, comme dans l'exercice précédent.

1. Oui, j'apprécie les chansons de Beyoncé.

→ ....

→ ....

→ ....

2. Non, je ne pense pas qu'une star puisse avoir du talent dans plusieurs domaines.

→ ....

→ ....

→ ....

Les mots interrogatifs

- Une question peut commencer par :
  - un pronom interrogatif (*qui, que, quoi, lequel, duquel, auquel...*) ;
  - un déterminant interrogatif (*quel, quels, quelle, quelles*) ;
  - un adverbe interrogatif (*comment, où, quand, pourquoi*).

4 Complète les questions avec le mot interrogatif qui convient :
comment – pourquoi – quand – quels – quelles.

1. .... sont tes stars préférées ?
2. .... sont les styles de musique que tu écoutes ?
3. .... vas-tu au concert de Justin Bieber ?
4. .... n'aimes-tu pas le rap ?
5. .... trouves-tu la chanson de Psy, *Gangnam Style* ?

ATTENTION
Quand tu utilises le déterminant interrogatif *quel(s)/quelle(s)*, tu dois faire attention à quel nom il se rapporte.

5 Pose trois questions pouvant avoir pour réponse la phrase suivante. La première question commencera par *quand,* la deuxième par *qui* et la troisième par *comment*.

Psy s'est rendu célèbre en 2012 sur Internet grâce à sa chanson *Gangnam Style* dont le clip caricature le quartier le plus chic de Séoul, Gangnam-gu.

....

....

....

COUP DE POUCE
Pour la 1re et la 3e question, tu dois reprendre le sujet *Psy* par le pronom *il* pour arriver à une inversion du sujet.

6 À TOI DE JOUER
Prépare l'interview de ta vedette préférée ! Rédige sur ton cahier de rédaction cinq questions que tu aimerais tout particulièrement lui poser.

Corrigés p. 5

9 Employer le vocabulaire des émotions

Les différentes émotions

- Lorsqu'on vit un **événement marquant**, on ressent des émotions plus ou moins intenses, positives ou négatives. Les principales émotions sont : la colère, la peur, la joie, la tristesse et la surprise.
- Pour chaque émotion, il existe un **champ lexical** précis, c'est-à-dire un ensemble de mots ou d'expressions qui s'y rapportent, et qui permettent de l'exprimer avec précision. Par exemple, il existe différents degrés de la colère : *irrité, fâché, furieux*...

★ 1 Classe les mots suivants par champ lexical :
allégresse – heureux – découragé – désarroi – désespoir – enthousiasmer – épouvante – extase – effrayé – mélancolique – panique – appréhender.

1. Champ lexical de la joie : ....

....

2. Champ lexical de la peur : ....

....

3. Champ lexical de la tristesse : ....

....

ATTENTION
Un champ lexical regroupe des mots de classes grammaticales différentes.

★★ 2 Les adjectifs suivants expriment tous la surprise. Classe-les en fonction de leur nuance positive ou négative :
atterré – consterné – ébahi – effaré – époustouflé – émerveillé – étonné – sidéré.

Nuance positive	Nuance négative
....	....
....	....

COUP DE POUCE
S'il y a des adjectifs dont tu ne connais pas le sens, aide-toi de la définition ou des exemples du dictionnaire.

★★ 3 Complète ces phrases par les mots ou groupes de mots qui conviennent :
colère – déformé – emportement – exaspération – furieux – rage – injectés de sang – violemment.

1. L'assassin s'approcha de sa victime : ses yeux étaient ...., son visage était .... par la ....
2. Lorsque ses hommes lui apprirent qu'ils avaient perdu la piste du criminel, le détective devint .... Sa .... explosa.
3. Son .... fut à son comble lorsqu'il comprit que le criminel avait dérobé une arme. Dans son ...., il tapa .... sur la table.

ATTENTION
Note que, quand le nom commence par une voyelle, on utilise le déterminant possessif *son* au lieu de *sa*.
Ex. : *son inexpérience*

Décrire les manifestations d'une émotion

- Les émotions sont souvent visibles par les **manifestations physiques** qu'elles engendrent.
- Pour décrire ces réactions du corps, on utilise généralement :
  - des verbes de **perception** ;
    sentir, éprouver, être saisi de
  - des verbes de **sensation** ;
    trembler, pleurer, rougir
  - des **expressions imagées**.
    bouillir de colère, se sentir pousser des ailes

4 **Indique à quelles émotions correspondent les verbes et les expressions suivantes.**

sursauter •	• la peur
rayonner •	• la surprise
sangloter •	• la tristesse
tomber des nues •	• l'épouvante
sortir de ses gonds •	• la colère
être pétrifié •	• la joie

COUP DE POUCE
Essaie d'imaginer des phrases dans lesquelles tu utiliserais ces verbes et expressions.

5 **Complète ce texte à trous avec les mots suivants :**
blêmis – chair de poule – épouvantable – glaça – panique – pétrifié – sueurs froides – tremblant comme – une boule dans ma gorge.

Un cri perçant .... mon cœur. .... une feuille, je me retournai pour voir ce qui se passait. Un monstre .... me fixait intensément. ...., je sentais .... J'avais la .... et des .... me coulaient dans le dos. Mes yeux trahissaient la .... Tout à coup, la chose monstrueuse s'approcha. Je.. de peur.

6 À TOI DE JOUER

Rédige la suite de cet extrait de roman policier. Tu insisteras sur les émotions engendrées chez les personnages par la découverte de ce meurtre.

> Nous nous approchâmes : un homme était étendu face contre terre. Holmes frotta une allumette ; à sa lueur, nous vîmes que ses doigts étaient poissés de sang et qu'une mare sinistre s'élargissait à partir du crâne écrasé.

D'après Arthur Conan Doyle, *Le Chien des Baskerville*, © Robert Laffont, coll. « Bouquins », 1956.

COUP DE POUCE
- Utilise des verbes de perception et de sensation pour exprimer les émotions.
- Pense à montrer les manifestations physiques liées à chaque émotion.

Corrigés p. 6

10 Bien utiliser les pronoms

Comprendre le rôle d'un pronom

- Un pronom peut remplacer un mot ou un groupe de mots. Il permet ainsi d'**éviter des répétitions** dans un texte.

Gilgamesh entraîne Enkidou dans un tourbillon d'activités. ***Gilgamesh*** *veut apprendre à* ***Enkidou*** *tout ce que* ***Gilgamesh*** *sait de la vie.*

- Pour alléger ces phrases, il est possible de remplacer les noms en gras par des pronoms.

Gilgamesh entraîne Enkidou dans un tourbillon d'activités. ***Il*** *veut* ***lui*** *apprendre tout ce qu'****il*** *sait de la vie.*

(Le pronom *il* renvoie à *Gilgamesh*, le pronom *lui* à *Enkidou*.)

1 **Dans ce texte sur Gilgamesh, surligne les pronoms personnels et souligne les mots qu'ils remplacent.**

Voilà le domaine dont Gilgamesh est le maître. Il le gère, le dirige à sa guise, le plie à sa volonté et ne rend compte de ses actes qu'aux dieux, les véritables propriétaires. Ils sont deux à se partager la vie et à la protéger. Anou, le plus grand de tous, et Ishtar, la dame-du-Ciel, qui règne sur l'amour et aussi sur la guerre. Pourtant, malgré cette protection, Ourouk ne connaît pas la paix car Gilgamesh ne lui laisse aucun répit.

J. Cassabois, *Le Premier Roi du monde, L'Épopée de Gilgamesh*, © Le Livre de Poche Jeunesse, 2004.

INFO

L'Épopée de Gilgamesh est l'une des œuvres les plus anciennes du monde. Elle raconte l'histoire du roi d'Ourouk, Gilgamesh. Celui-ci se signale par sa dureté au début de l'épopée.

2 **Complète les phrases suivantes avec le pronom qui convient. (Coche la bonne case.)**

1. Ea et Arourou sont des dieux. Ce sont elles ❑ eux ❑ lui ❑ qui ont créé Enkidou.
2. Gilgamesh aperçoit Enkidou. Méfiant, il l' ❑ la ❑ lui ❑ observe du coin de l'œil.
3. Gilgamesh sent monter le désir de se mesurer à le ❑ lui ❑, de l' ❑ le ❑ affronter, et il élabore déjà un plan pour la ❑ le ❑ lui ❑ vaincre.
4. Gilgamesh appelle la déesse Ninsouna, et se confie à lui ❑ elle ❑.

INFO

Une déesse envoie à Gilgamesh un rival : Enkidou, un homme sauvage et bon qu'elle façonne en argile. Lors de leur première rencontre, les deux hommes commencent par se battre, mais ils finissent par établir un lien de profonde amitié.

Connaître les différents pronoms substituts

- Les pronoms **personnels** de la 3e personne sont les plus utilisés. Ils peuvent être sujet (*il, elle, ils, elles*), COD (*le, la, les*) ou COI (*lui, leur, eux*).
- Les pronoms **démonstratifs** peuvent être simples (*ceci, celui, celle, cela...*) ou composés (*celui-ci, celle-là, ceux-ci...*). La particule *-ci* (*ceux-ci*) exprime la proximité, *-là* (*celui-là*) l'éloignement.
- Les pronoms **possessifs** marquent la possession : *le mien, la tienne, le nôtre, les leurs...*

3 **Complète les phrases à l'aide des pronoms proposés :** celles-ci – elles – il – les – lui.

Un chasseur parle d'Enkidou à Gilgamesh.

– C'est un être, dit-.............................., qui marche sur ses jambes, ressemble à un homme et vit parmi les bêtes. Berger des gazelles, ... ne .... quitte jamais. .... conduit .... aux points d'eau, ... protège des lions qu'.............................. chasse à mains nues, se perche dans un arbre pendant qu'.............................. broutent, ... soulage de leur lait en .... tétant à la mamelle. Ses cheveux pendent en nattes grossières dans son dos et .... battent les fesses.

D'après *L'Épopée de Gilgamesh*.

> **COUP DE POUCE**
> Le pronom démonstratif *celles-ci* renvoie à un nom féminin pluriel.

4 **Voici un texte qui comporte beaucoup de répétitions. Réécris-le en remplaçant les mots ou groupes de mots soulignés par les pronoms** il, le, lui **et** cela.

Gilgamesh, jaloux d'Enkidou, cherche à l'affaiblir. Il le nomme « l'être ».

Le plan de Gilgamesh est simple. L'être est sauvage. Ce que l'être sait de la vie, c'est la steppe qui a appris à l'être ce qu'il sait de la vie. Sa force, l'être la puise dans la nature, rude comme l'être.
Pour affaiblir l'être, il faut donc couper l'être de sa source et, pour le couper de sa source, faire entendre à l'être les battements de son cœur, attirer l'être vers une nouvelle vie.

D'après *L'Épopée de Gilgamesh*.

> **COUP DE POUCE**
> Commence par identifier la fonction des mots soulignés (sujet, COD ou COI).

5 À TOI DE JOUER

Enkidou et Gilgamesh se battent devant une foule de personnes. Continue le récit de ce combat en évitant de répéter le nom des personnages. Travaille sur ton cahier de rédaction.

Enkidou avance vers Gilgamesh. Il ne court pas. Il marche et son pas est lourd sur la terre battue, encombrée de détritus et de tessons. Arrivé devant Gilgamesh, il le saisit à bras-le-corps. Gilgamesh fait de même. Leurs mains claquent sur leurs flancs, leurs muscles roulent sous leurs poignes et se durcissent.

D'après *L'Épopée de Gilgamesh*.

> **COUP DE POUCE**
> Insiste sur la violence de leur lutte et sur le rôle de la foule qui encourage tantôt l'un et tantôt l'autre.

Corrigés p. 6

AMÉLIORER SON EXPRESSION

11 Éviter une répétition à l'aide d'un nom

Employer un synonyme ou un terme générique

- Tu as vu dans la leçon précédente comment éviter la répétition d'un nom à l'aide d'un pronom (voir p. 22-23).
- Tu as aussi la possibilité de remplacer un nom par :
  - un **synonyme** : un mot de même nature qui a le même sens ou un sens voisin ;

    Shéhérazade implora son mari de lui laisser un sursis.
    *Celui-ci lui accorda **le délai** demandé.*

  - un **terme générique** : un nom qui désigne un ensemble incluant le nom qu'on remplace (*cerisier* → *arbre* ; *labrador* → *chien, etc.*).

    *Le prince caressait le chat avec tendresse. Flatté, **le félin** se mit à ronronner.*

1 **Remplace les mots en couleur par l'un des synonymes suivants :**
génie – grotte – merveilleuse – misère – surgir – vœux.

Aladdin vit dans la pauvreté (……………………………). Il découvre un jour une lampe magique (……………………………) dans une caverne (……………………………).
En la nettoyant, sa mère fait apparaître (……………………………) un esprit (……………………………). Celui-ci lui propose de lui exaucer trois souhaits (……………………………).

ATTENTION
N'oublie pas que les synonymes ont la même nature grammaticale.

2 **a. Associe chaque mot de la colonne de gauche au terme générique qui convient.**

pâtisserie •	• vêtement
conte •	• édifice
princesse •	• pierre précieuse
émeraude •	• femme
tunique •	• récit
palais •	• dessert

b. Utilise trois des couples de mots du a. dans les phrases suivantes.

1. La …………………………… Jasmine aime beaucoup les émeraudes. La couleur verte de ces …………………………… la ravit.

2. J'ai lu le …………………………… *Sindbad le marin*. C'est un …………………………… passionnant.

3. Aladdin aperçut le …………………………… du vizir. L'……………………………, somptueux, se dressait en haut de la colline.

ATTENTION
Dans la phrase 1, tu dois accorder le terme générique au pluriel.

Employer une périphrase

- Tu peux aussi remplacer un nom par un groupe nominal (GN) appelé **périphrase**. La périphrase permet généralement d'exprimer une caractéristique de l'objet ou de la personne désignés.

> *Ali Baba se cacha dans un buisson.*
> ***Le modeste bûcheron** entendit alors la formule magique.*
> La périphrase *le modeste bûcheron* donne une indication sur le métier d'Ali Baba.

- Note qu'il est possible de répéter un même nom, à condition de le faire précéder d'un déterminant démonstratif (*ce, cette, ces*).

> *Schéhérazade proposa un marché au prince afin d'avoir la vie sauve.*
> ***Ce prince** accepta.*

3 **Indique à quel nom (ou GN) correspondent les périphrases suivantes :**
Aladdin – la Lune – la mort – l'Orient – le palais.

la demeure royale → ....

le pays du Levant → ....

le jeune homme à la lampe magique → ....

le séjour des ombres → ....

l'astre de la nuit → ....

COUP DE POUCE
Une périphrase peut être poétique. C'est le cas du « séjour des ombres » ou de « l'astre de la nuit », par exemple.

4 **Lis ce texte puis réponds aux questions.**

> Schahriar courut à l'appartement de sa femme. Il livra la sultane à son grand vizir avec ordre de la faire étrangler ; ce que ce ministre exécuta sans s'informer du crime qu'elle avait commis. Ce prince irrité n'en demeura pas là.
>
> D'après *Les Mille et Une Nuits*.

a. Quel pronom et quel groupe nominal évitent la répétition de « Schahriar » ?

....

b. Quel groupe nominal évite la répétition de « femme » ?

....

c. Quel groupe nominal évite la répétition de « grand vizir » ?

....

5 À TOI DE JOUER

Sur ton cahier de rédaction, corrige les répétitions de ce texte. (Elles ont été soulignées.)

Schahriar décide de se venger de sa femme qui l'a trahi. Pour se venger, Schahriar décide de changer de femme chaque nuit. Chacune de ces malheureuses femmes sera tuée le lendemain. Seule Schéhérazade échappe à la mort. Schéhérazade a le pouvoir de raconter des histoires et se sert de ce pouvoir pour échapper à la mort.

COUP DE POUCE
Voici des mots que tu peux utiliser pour améliorer le texte : *don ; épouse ; prendre la résolution de ; princesse ; se faire justice ; se soustraire à la condamnation fatale ; victimes…*

Corrigés p. 7

AMÉLIORER SON EXPRESSION

12 Apporter des précisions à l'aide d'adjectifs

Employer des adjectifs qualificatifs

- L'adjectif qualificatif s'ajoute à un nom pour en exprimer une **qualité**, une **caractéristique**.

  *Le **vaillant** Persée s'avança sur son **fier** destrier, brandissant une **magnifique** épée.*

- Il s'accorde en **genre** (masculin ou féminin) et en **nombre** (singulier ou pluriel) avec le nom qu'il qualifie (voir p. 4).

★ 1 Souligne les huit adjectifs de ce texte.

1. Le terrible roi Polydectès usa d'un habile stratagème pour éloigner le jeune Persée de sa magnifique mère Danaé.

2. Il demanda au courageux Persée d'aller couper la tête de l'horrible Méduse.

3. Méduse était une créature malfaisante qui, d'un simple regard, pouvait changer les hommes en pierre.

INFO

Héros de la mythologie grecque, Persée a accompli des exploits extraordinaires. Il a vaincu Méduse et a délivré la princesse Andromède d'un terrible monstre marin.

★ 2 Complète le texte suivant en accordant les adjectifs correctement.

La (divin) .... Athéna détestait la (terrible) .... Méduse. Elle aida donc le (jeune) .... Persée dans sa (périlleux) .... mission. Elle l'arma et le guida vers un champ (isolé) .... où se trouvaient les Gorgones (endormi) .... D'un (seul) .... coup de sa serpe (acéré) ...., Persée coupa la tête de Méduse.

INFO

Les Gorgones sont trois sœurs, dont Méduse, au corps de femme et à la chevelure de serpents.

★★ 3 Utilise le nom et l'adjectif proposés entre parenthèses dans une phrase de ton choix, en les accordant selon le genre et le nombre demandés.

Ex. : (femme ; beau ; fém. singulier) Une <u>belle femme</u> sortit du palais avec ses amies.

1. (aile ; léger ; féminin pluriel)

....

2. (héros ; victorieux ; masculin singulier)

....

3. (région ; lointain ; féminin singulier)

....

4. (châtiment ; cruel ; masculin pluriel)

....

Décrire à l'aide d'adjectifs

- Les adjectifs apportent des précisions aux noms qu'ils qualifient.
Ils permettent ainsi de caractériser l'aspect physique d'un personnage ou d'un objet, l'état d'esprit ou le caractère d'un personnage, une situation, un paysage, etc.

*Le **brave** et **beau** Persée chevaucha à travers les champs **dorés** sous un soleil **brûlant**.*

4 **Classe les adjectifs dans le tableau selon qu'ils indiquent une caractéristique physique ou morale :** blond – confiante – élancé – joufflu – indécise – indiscret – longiligne – maigre – méfiant – optimiste.

Caractéristiques physiques	Caractéristiques morales
....	....
....	....

5 **Recopie le texte en enrichissant les mots soulignés à l'aide des adjectifs qualificatifs et des groupes nominaux proposés :** éblouissante de beauté – imprudentes – magique – marin – natale – valeureux**.**

Arrivé en Éthiopie, <u>Persée</u> découvre une jeune <u>fille</u>, Andromède. Elle doit être livrée en sacrifice à un <u>monstre</u>, à cause des <u>paroles</u> de sa mère. Aidé de son <u>épée</u>, Persée la libère, avant de l'épouser. Il regagne ensuite sa <u>cité</u>, Argos.

....

....

....

....

....

COUP DE POUCE
Tu dois ajouter un article défini au nom Persée. Par exemple : *le courageux Persée.*

6 À TOI DE JOUER

Voici une image représentant la libération d'Andromède par Persée. Décris cette image sur ton cahier de rédaction. Tu utiliseras au moins un adjectif dans chaque phrase.

À droite, on peut voir Persée qui…
À gauche, se tient Andromède…
Andromède est vêtue…
Persée tient dans sa main gauche…

Persée délivrant Andromède, 50-79 av. J.-C., fresque, maison des Dioscorides, Musée archéologique national, Naples.

COUP DE POUCE
Tu peux inventer d'autres phrases pour décrire les couleurs de l'image, les postures des personnages, leur position…

Corrigés p. 7

1 9/20

AMÉLIORER SON EXPRESSION

13 Apporter des précisions sur les circonstances de l'action

Les compléments circonstanciels de temps et de lieu

- Les compléments circonstanciels (CC) apportent des précisions sur les **circonstances** des actions exprimées par le verbe. On peut les **modifier**, les **déplacer** ou les **supprimer** sans changer le sens de la phrase.

  *Le chat rêvassait. Le chat rêvassait **dans le jardin**. **Dans le jardin**, le chat rêvassait.*

- Ils peuvent exprimer :
  - le lieu (où l'action se passe-t-elle ?) ;

    *Delphine et Marinette jouent **dans le champ voisin**.*

  - le temps (quand l'action se passe-t-elle ?).

    ***Ce jour-là**, Delphine et Marinette jouaient dans le champ voisin.*

★ 1 Complète le texte avec les CC de temps et de lieu proposés :
derrière la ferme – la veille – un matin de vacances.

Un matin de ~~vacances~~ vacances, Delphine et Marinette s'installèrent dans le pré, derrière la ferme, avec leurs boîtes de peinture. Les boîtes étaient toutes neuves. C'était leur oncle Alfred qui les leur avait apportées la veille pour récompenser Marinette d'avoir sept ans.

Marcel Aymé, « Les boîtes de peinture », in *Les Contes du chat perché*, © Gallimard, 1939.

★★ 2 Dans le texte suivant, souligne les CC de temps en rouge, les CC de lieu en vert.

Le soir de ce même jour, [...] Delphine, Marinette, les parents et toutes les bêtes de la ferme formèrent un grand cercle dans la cour. Au milieu du cercle, Alphonse était assis sur un tabouret. Sans se presser, il fit [...] sa toilette et, le moment venu, passa plus de cinquante fois sa patte derrière l'oreille. Le lendemain matin, après vingt-cinq jours de sécheresse, il tombait une bonne pluie [...]. Dans le jardin, dans les champs et dans les prés, tout se mit à pousser et à reverdir.

Marcel Aymé, « La patte du chat », in *Les Contes du chat perché*, © Gallimard, 1939.

COUP DE POUCE
Alphonse est le chat de Delphine et Marinette. Il y a quatre CC de temps, cinq de lieu.

★★ 3 Enrichis chacune de ces phrases avec un CC de temps et de lieu.

1. Delphine et Marinette jouent.
Tous les matins, Delphine et Marinette jouent dans le pré

2. Les parents travaillent.
Souvent les parents travaillent dans un bureau

3. Le chat guettait une souris.
Hier, le chat guettait une souris depuis un arbre.

COUP DE POUCE
Chacune de tes phrases doit contenir les réponses aux questions *Où ?* et *Quand ?*.

Les compléments circonstanciels de manière et de moyen

Les compléments circonstanciels peuvent aussi exprimer :
- la **manière** (de quelle manière l'action a-t-elle lieu ?) ;

  *Delphine peint **avec application**.*

- le **moyen** (grâce à quel moyen l'action est-elle réalisée ?).

  *Delphine peint **avec un pinceau**.*

4 **Complète les phrases suivantes avec les CC de manière et de moyen proposés :** à coups de balai – à coups de sabot – à ne pas mettre un chien dehors – avec des voix d'ogre – sur ce ton-là.

Dans « La patte du chat », les parents de Delphine et Marinette sont en colère contre le chat car il ne cesse de passer sa patte derrière l'oreille. Ils croient que c'est sa faute s'il pleut…

1. Puisque vous le prenez sur ce ton-là, dit le chat, j'aime mieux m'en aller.
2. Il pleuvra demain à ne pas mettre un chien dehors.
3. Dans un moment où leur colère tournait à l'exaspération, ils tombèrent sur le chat, l'un à coups de balai, l'autre à coups de sabot, en le traitant d'inutile et de fainéant.
4. Non, non ! répondaient les parents avec des voix d'ogre, pas de pitié pour les mauvais chats !

5 **Emploie les CC suivants dans quatre phrases de ton choix :** ~~avec acharnement~~ – ~~avec un crayon de couleur~~ – ~~de la fenêtre~~ – ~~gaiement~~ – ~~quand la cloche sonna~~ – ~~sur le toit~~.

1. Il embrassa avec acharnement sa femme et puis repartit gaiement
2. Avec un crayon de couleur il dessina sur le toit
3. De la fenêtre il observait la rue.
4. quand la cloche sonna, tout les CP ~~retirent~~ retinrent leur souffle, et se mirent en rang.

COUP DE POUCE

Tu peux utiliser deux compléments dans une même phrase.

6 **À TOI DE JOUER**

Rédige en quelques lignes le début d'un conte mettant en scène Delphine, Marinette et un cheval. Ton texte devra comporter quatre CC exprimant le lieu, le temps, la manière et le moyen. Travaille sur ton cahier de rédaction.

COUP DE POUCE

- Un début de conte présente la situation initiale de l'histoire : réfère-toi à la leçon 22, p. 46.
- Tu peux par exemple imaginer que Delphine et Marinette expriment le désir que le cheval les emmène faire le tour du monde.

Corrigés p. 8

14 Organiser un texte avec des paragraphes

Créer un paragraphe

- Un texte est très souvent divisé en paragraphes. Un paragraphe est un ensemble de phrases qui forme une **unité de sens** autour d'un même thème ou d'une même idée.

une idée → un paragraphe

- Un paragraphe commence toujours par un **alinéa**, c'est-à-dire par un léger retrait du début de la première phrase vers la droite.

★ 1 Retrouve les trois paragraphes de ce texte. Sépare-les par une barre.

Ovide est un poète latin né en 43 avant J.-C. à Sulmo. On le destine à une carrière juridique mais il manifeste très tôt un goût prononcé pour la poésie. L'un de ses ouvrages les plus célèbres, *Les Métamorphoses*, raconte les légendes des dieux et des héros de l'Antiquité. Il est composé de quinze livres relatant plus de deux cents mythes. Disgracié par l'empereur Auguste, il est exilé à Tomes et meurt en 18 après J.-C.

★★ 2 Dégage l'idée principale de chacun de ces paragraphes.

Déjà la terre avait émergé du chaos, mélange confus de tous les éléments. Elle existait plate et ronde, avec la mer tout autour, le ciel au-dessus, le soleil dans le ciel.

Déjà le monde était peuplé par les Titans, géants primitifs, et par les dieux.

Déjà Prométhée, un Titan ingénieux, avait façonné l'homme, avec de la boue et de l'eau.

D'après les *16 Métamorphoses d'Ovide*.

Paragraphe 1 : ....

....

Paragraphe 2 : ....

....

Paragraphe 3 : ....

....

COUP DE POUCE
Tu dois reformuler l'idée générale de chaque paragraphe en quelques mots.

Coordonner des paragraphes

- Pour faciliter la compréhension d'un texte, il faut organiser les paragraphes dans un **ordre logique** et les relier entre eux par des **mots de liaison**.
- Les mots de liaison **temporels** indiquent une succession d'actions dans le temps : *en ce temps-là, jadis, un jour, à ce moment-là, soudain, alors, puis, ensuite...*

  En ce temps-là, *Dryopé était la plus belle des femmes de l'île.*

- Les mots de liaison **logiques** indiquent une cause (*car, parce que...*), une conséquence (*donc, ainsi...*) ou une opposition (*mais, or...*).

  Mais *un sort injuste la transforma en un arbre.*

3 **Lis le texte suivant et complète le tableau.**

À ce moment, la nymphe Io disparut.

Elle était la fille chérie du fleuve Inachus qui coule en Grèce. Son père la cherchait.

Or voici ce qui s'était passé.

Un beau jour d'été, Io venait de quitter son père et s'éloignait des bords du fleuve, par un petit chemin de campagne, quand Jupiter l'avait aperçue.

« Ô jeune fille, digne du maître du monde, s'était-il exclamé, bienheureux sera celui à qui tu donneras ton cœur ! »

16 Métamorphoses d'Ovide.

	Paragraphe 1	Paragraphe 2	Paragraphe 3	Paragraphe 4	Paragraphe 5
Idée développée	....	....	....	....	....
Mots de liaison ou marques de dialogue	....	....	....	....	....

INFO
Un paragraphe du texte 3 n'est introduit par aucun mot de liaison.

4 **Structure les paragraphes suivants à l'aide des mots de liaison proposés :**
alors – dès que – désormais – en ce temps-là – mais.

...., Écho avait un corps.

.... elle voit Narcisse, elle en tombe éperdument amoureuse, et se lance à sa poursuite.

...., au moment où elle lui parle, le jeune homme la fuit, tout amoureux qu'il est de son propre reflet.

Méprisée, la nymphe se réfugie .... dans la forêt.

Sa peau, si lisse auparavant, se dessèche ; la sève qui l'animait jadis se tarit.

...., seul un son subsiste d'elle.

COUP DE POUCE
Le mot indiquant l'opposition se trouve au milieu du texte !

5 À TOI DE JOUER

Sur ton cahier de rédaction, imagine en trois paragraphes la métamorphose d'un homme en oiseau. Pense à utiliser des verbes de transformation : se changer en, se métamorphoser en...

COUP DE POUCE
- Chaque paragraphe doit correspondre à une étape différente de la métamorphose.
- N'oublie pas d'utiliser des mots de liaison spatiaux-temporels et logiques.

Corrigés p. 8

AMÉLIORER SON EXPRESSION

15 Rédiger des réponses à des questions sur un texte

Analyser la question

- Dans une **question**, on commence par repérer le **mot interrogatif** : *qui, pourquoi, comment, dans quel but, est-ce que...*

  Est-ce que tu as déjà lu des romans d'aventures ?
  Si tu peux répondre par oui ou non, la question est totale. Sinon, elle est partielle.

- Dans une **consigne**, c'est le **verbe** qui te renseigne sur le type de travail demandé.

Verbe	Ce qu'il faut faire
Définis	Donner une définition.
Identifie	Repérer et nommer un élément du texte.
Relève	Sélectionner dans le texte les éléments demandés et les recopier.
Explique	Repérer et reformuler les raisons d'une action, d'un phénomène...
Justifie	Construire sa réponse en s'appuyant sur des éléments du texte.

1 **a. Entoure les verbes des consignes suivantes.**

1. Associe chaque mot à sa définition.
2. Relève les synonymes du mot *combat*.
3. Indique comment le narrateur traduit la colère du personnage.
4. Détermine le niveau de langage employé dans cet extrait. Justifie ta réponse.

b. À quelle consigne correspond la réponse suivante ? Indique son numéro.

.... On peut relever comme synonymes de ce mot : bataille, mêlée, guerre.

2 **À partir de la réponse, déduis le mot interrogatif de la question posée.**

1. **Réponse :** Le capitaine Nemo s'adresse à son équipage.
→ **Question :** Comment ❑ À qui ❑ le capitaine Nemo s'adresse-t-il ?

2. **R. :** Oui, il les entraîne notamment au pôle Sud, là où personne ne s'était encore hasardé.
→ **Q. :** Pourquoi ❑ Est-ce que ❑ le capitaine Nemo fait découvrir aux trois naufragés des endroits encore inexplorés ?

3. **R. :** L'équipage vient à bout des poulpes géants à l'aide de haches.
→ **Q. :** Grâce à qui ❑ Comment ❑ l'équipage vient-il à bout des poulpes géants ?

4. **R. :** Le capitaine Nemo s'est retiré dans son sous-marin parce qu'il ne supportait plus la compagnie des hommes.
→ **Q. :** Quand ❑ Pourquoi ❑ le capitaine Nemo s'est-il retiré dans son sous-marin ?

INFO
Dans *Vingt Mille Lieues sous les mers*, un roman d'aventures de Jules Verne, le mystérieux capitaine Nemo parcourt les océans à bord d'un sous-marin, le *Nautilus*.

Rédiger la réponse

- Lorsque tu rédiges une réponse, tu construis une **phrase complète** en reprenant certains mots essentiels de la question.

  Question : *À quel genre* ***appartient ce livre de Jules Verne*** *?*
  Réponse : ***Ce livre de Jules Verne appartient*** *au roman d'aventures.*

- Pour **justifier** une réponse, tu dois citer des **éléments du texte** qui la valident.

  La voracité du requin est montrée par les expressions « ***enflammé par la convoitise*** *», «* ***le plus vorace échantillon de la race des squales*** *».*

- Tu peux aussi utiliser des connecteurs de cause : *car, parce que, comme...*

3 **Rédige les réponses aux questions suivantes à partir des éléments proposés entre parenthèses.**

1. Que font les personnages du roman lorsque le ballon s'écrase sur l'île ? (exploration de l'île puis installation).

2. De qui cette île est-elle en réalité le port secret ? (le mystérieux capitaine Nemo).

3. Comment les personnages sont-ils sauvés à la fin du roman ? (le navire nommé *Duncan*).

INFO
Dans *L'Île mystérieuse*, des prisonniers décident de fuir à l'aide d'un ballon. Ils échouent sur une île déserte.

4 À TOI DE JOUER

Lis le texte, puis réponds aux questions sur ton cahier de rédaction.

La pêche était terminée ; la vengeance des marins [était] satisfaite, mais non leur curiosité. En effet, il est d'usage à bord de tout navire de visiter soigneusement l'estomac du requin. Bientôt l'énorme poisson fut éventré à coups de hache, et sans plus de cérémonies. L'émerillon avait pénétré jusque dans l'estomac, qui se trouva absolument vide ; les marins désappointés allaient en jeter les débris à la mer, quand leur attention fut attirée par un objet grossier, solidement engagé dans l'un des viscères.

D'après Jules Verne, *Les Enfants du capitaine Grant*, 1868.

Langue

Cherche la définition des mots « émerillon », « désappointé », « viscères » et donne leur sens dans le texte.

Compréhension

1. Pourquoi les marins décident-ils d'éventrer le poisson ? Justifie ta réponse.
2. Relève les termes qui montrent la violence de cette scène.
3. Explique la réaction qui suit l'exploration du poisson.
4. Comment le suspense est-il relancé à la fin du texte ?

Corrigés p. 9

16 Utiliser le bon niveau de langue

Les différents niveaux (ou registres) de langue

- Il est possible de s'exprimer dans un niveau de langue courant, familier ou soutenu.

Niveau de langue	Caractéristiques	Exemple
Courant	Vocabulaire courant, langue correcte mais simple.	*Papa et maman sont très gentils.*
Soutenu	Vocabulaire et constructions de phrases recherchés. Emploi plus courant du passé simple.	*Mes parents sont des personnes extrêmement sympathiques.*
Familier	Vocabulaire relâché, phrases souvent mal construites.	*Mes vieux, ils sont trop cools !*

★ 1 Associe chaque phrase à son niveau de langue.

Mon père enseigne la littérature et la langue française. •	• familier
Papa, il est prof de français. •	• courant
Mon père est professeur de français. •	• soutenu

★★ 2 a. Classe les mots et expressions suivants en quatre groupes, selon leur sens :
à la baraque – crevé – en avoir assez – à mon domicile – fatigué – s'habiller – harassé – se fringuer – chez moi – se lasser – se vêtir – en avoir marre.

1. ....
2. ....
3. ....
4. ....

COUP DE POUCE
Dans chaque groupe, les mots ont une nature similaire : par exemple, tu dois retrouver dans un des groupes tous les verbes à l'infinitif.

b. Dans chacun des groupes de mots que tu as identifiés, classe les termes selon leur niveau de langue.

	Courant	Soutenu	Familier
Groupe 1	....	....	....
Groupe 2	....	....	....
Groupe 3	....	....	....
Groupe 4	....	....	....

★ 3 Entoure l'intrus qui s'est glissé dans chacune des listes suivantes.

1. un enfant – un gosse – un môme – un moutard
2. se hâter – se presser – se magner – faire diligence
3. gronder – disputer – réprimander – engueuler
4. le blé – l'argent – la thune – le pognon

COUP DE POUCE
L'intrus n'appartient pas au même niveau de langue que les autres mots.

Choisir le bon niveau de langue

- On ne s'exprime pas de la même manière dans toutes les situations.
- Le niveau de langue **courant** est celui de la langue orale et écrite du **quotidien**.
- Le niveau de langue **familier** s'emploie dans le **cadre privé** (chez soi ou avec des amis).
- Le niveau de langue **soutenu** s'emploie essentiellement à l'écrit (dans les courriers officiels, les copies d'examen, mais aussi les textes littéraires).

4 **Le niveau de langue des phrases suivantes n'est pas adapté à la situation indiquée entre parenthèses. Réécris-les.**

Ex : *Ce bouquin, il est trop bien !* (un élève à son professeur)
→ Ce livre m'a vraiment plu !

1. Le dîner fut succulent ! (conversation entre frères)

→ ....

2. Mon frère, j'peux plus l'blairer ! (un enfant à son grand-père)

→ ....

3. Aurais-tu l'obligeance de me permettre d'examiner ton bulletin de notes ?

(une mère à son fils)

→ ....

4. Mon fils pourra pas venir en cours aujourd'hui car il a vachement mal au ventre.

(un mot d'excuse rédigé par un père)

→ ....

ATTENTION
Par politesse, on évite de s'adresser à une personne âgée dans un registre familier.

5 **À TOI DE JOUER**

Ce texte mélange les niveaux de langue : réécris les passages qui ne sont pas dans un niveau de langue courant. Travaille sur ton cahier de rédaction.

L'autre jour, en sciant du bois, je me suis coupé le pouce. Profond ! J'ai couru trouver papa qui lisait dans le salon.
– Papa, papa ! Va vite chercher un pansement, je pisse le sang ! ai-je hurlé en tendant mon doigt blessé.
[Silence du père]
– Très cher père, ai-je [repris], je me suis entaillé le pouce et le sang s'écoule abondamment de la plaie.
– Voilà un exposé des faits clair et précis, a déclaré papa.
– Mais grouille-toi, ça fait vachement mal ! ai-je lâché, n'y tenant plus.
– Examinons d'un peu plus près cette égratignure.
Il a baissé son livre et m'a aperçu, grimaçant de douleur et serrant mon pouce sanguinolent.
– Mais t'es cinglé, ou quoi ? a-t-il hurlé, furieux. Veux-tu f... le camp, tu pisses le sang ! Tu as dégueulassé la moquette ! File à la salle de bains et dém...-toi ! Je ne veux pas voir cette boucherie !

D'après Bernard Friot, « Façons de parler », in *Nouvelles Histoires pressées*, © Milan Junior, 2000.

ATTENTION
- Le niveau de langue courant est déjà présent dans ce texte.
- Tu remarqueras qu'en transposant ce texte dans le niveau de langue courant, il perd son côté humoristique : les décalages de niveaux de langue produisent très souvent des effets comiques !

Corrigés p. 10

17 Raconter une expérience personnelle

Construire son récit

Raconter une expérience personnelle, c'est faire partager au lecteur un moment de vie particulièrement marquant.

- Sur ton brouillon, note **les faits** les plus importants que tu vas relater dans ton récit, et organise-les selon une **progression chronologique**.
  Par exemple, si tu racontes un séjour en colonie de vacances, ton plan peut être : 1. les circonstances ; 2. les étapes de la préparation ; 3. le déroulement du séjour ; 4. le bilan de cette expérience.
- Dans ton récit, tu dois utiliser :
  - la **première personne** (singulier ou pluriel) et le **passé composé** ;
  - des **indications de temps et de lieu** précises, pour ordonner ton texte (*tout d'abord, à midi, quelques heures plus tard, chez Paul, dans le champ, à la piscine…*).

1 **a. Remets dans l'ordre les étapes de ce récit en les numérotant de 1 à 4.**

.... Très fiers de notre capture, nous l'avons apportée aux parents qui nous ont félicités.

.... L'été dernier, mes cousins et moi-même avons découvert une cabane près d'un étang.

.... Au début, ça ne mordait pas beaucoup, mais un jour, nous avons pris une énorme carpe.

.... Nous avons décidé d'y établir notre campement secret pour les vacances et d'y apporter tout le matériel de pêche.

b. Quel est l'événement marquant de ce récit ?

....

INFO
Le récit suit une progression logique et chronologique.

2 **Lis le texte suivant, puis complète le tableau.**

Cet été, je suis parti en randonnée avec mes parents dans le Sud pendant quinze jours. C'était la première fois que je passais des vacances en pleine nature. J'ai appris à repérer les sentiers balisés, à observer les animaux, à respecter la nature et à monter une tente !

Indications de lieu et de temps	....
Expériences vécues	....

COUP DE POUCE
Relève trois indications de temps, deux de lieu et cinq expériences.

Exprimer ses sentiments

- Commence par noter au brouillon les sentiments que tu as ressentis (positifs ou négatifs) lors de cette expérience. Ils devront se retrouver dans ton récit.
- Pour exprimer un sentiment, tu peux utiliser :
  - des **verbes** de perception ou de sentiment ;

    J'ai apprécié qu'on me confie ce rôle.
  - des **adjectifs**, des **adverbes** ;

    ***Malheureusement**, je suis arrivée deuxième.*
    *J'étais très **déçue**.*
  - la ponctuation : le point d'interrogation fait part des incertitudes ou de l'inquiétude du narrateur ; le point d'exclamation peut traduire l'enthousiasme, la peur...

    Pourquoi avions-nous choisi cet endroit ? Quelles vacances inoubliables !

3 Complète le tableau avec les mots suivants :
courroucé – déconcerté – surpris – hilare – pétrifier – ravir – répugner à – savourer.

Sentiments positifs	Sentiments négatifs
....	....
....	....

COUP DE POUCE
Tu dois écrire quatre mots dans chaque colonne.
Le dictionnaire peut t'être utile !

4 a. Complète le texte avec les mots suivants :
appréhension – délicieuse – éprouvé – extrême – heureusement – rebuté.

Aux dernières vacances, on m'a invité à faire de l'escalade dans la forêt de Fontainebleau. Au début, cette proposition m'a .... Comment ne pas être ridicule ? J'avais beaucoup d' .... car je n'avais jamais pratiqué ce sport. ...., un moniteur nous a expliqué comment il fallait s'y prendre. Dès le premier rocher, une joie .... m'a envahi. Je ne me suis arrêté qu'au sommet et là, j'ai .... une .... fierté !

INFO
Le narrateur éprouve d'abord des sentiments négatifs puis des sentiments positifs.

b. Souligne les phrases où la ponctuation transcrit les sentiments du narrateur.

5 À TOI DE JOUER
Imagine que tu es dans une colonie de vacances, et que lors d'une sortie en forêt, tu perds ton groupe... Écris sur ton cahier de rédaction le récit de cet épisode, en n'oubliant pas de tirer une conclusion de cette expérience.

COUP DE POUCE
Indique d'abord les circonstances de la sortie. N'oublie pas de décrire tes sentiments (la peur) à cet instant précis, puis le soulagement que tu as ressenti lorsque tu as retrouvé ton groupe. Pour finir, donne une appréciation personnelle de cette expérience (*Je trouve que... ; J'ai l'impression que...*).

Corrigés p. 10

RÉDIGER UN TEXTE

18 Faire un compte rendu de visite

Les composantes du compte rendu

Lorsque tu fais le compte rendu d'une visite, tu racontes ce que tu as vu et appris, pour informer des personnes qui n'étaient pas présentes.

- Tu dois commencer ton compte rendu en donnant toutes les **informations pratiques**.

  Quelle visite ? Quand ? Avec qui ? Par qui était-elle organisée ? Dans quel but ?

- Puis, tu rédiges le récit de la visite en respectant l'**ordre chronologique**.
  Pour aider ton lecteur à se repérer, utilise des **indicateurs temporels** :

  tout d'abord, puis, vers onze heures, plus tard dans l'après-midi, etc.

★ 1 Voici le compte rendu d'une visite au Palais de la découverte.
Lis-le, puis sélectionne les informations utiles pour compléter le tableau.

Le lundi 18 octobre 2010, les classes de 6e A et B sont allées au Palais de la découverte à Paris. C'était notre premier voyage de classe de l'année. Nos professeurs de SVT, Mme Eucaryote et M. Bios, étaient nos accompagnateurs.
Nous avons visité l'exposition sur le corps humain. Nous avons pu faire de nombreuses expériences. Les professeurs nous avaient également donné des questionnaires à remplir au cours de la visite.

De quoi s'agit-il ?	Quand ? Où ?	Qui ?	Dans quel but ?
....	....	....	....
....	....	....	....
....	....	....	....

COUP DE POUCE
Les réponses aux questions posées dans les trois premières colonnes sont dans le premier paragraphe du texte. Le second paragraphe exprime le but de la visite, le déroulement de la journée.

★★ 2 Remets dans l'ordre les étapes de ce compte rendu. Numérote les phrases de 1 à 6.

.... L'après-midi, nous nous sommes répartis en plusieurs ateliers : atelier géologique, atelier de biologie, atelier de cartographie.

.... À la fin de la journée, de retour au camp, chaque groupe a présenté le travail qu'il avait réalisé durant les ateliers.

.... Puis, vers midi, nous avons fait une pause pour manger et nous en avons profité pour faire le point sur notre parcours.

.... En chemin, le guide nous a fait observer la faune et la flore.

.... Hier, c'était le premier jour de notre voyage de classe dans les monts d'Auvergne.

.... Le matin, nous sommes partis faire une randonnée de trois kilomètres dans la forêt située à côté du camp.

COUP DE POUCE
Commence par repérer tous les indicateurs temporels : ils marquent le déroulement de la journée.

3 Voici les notes prises par un élève lors d'une visite au château de Versailles. À chaque lieu du château est associé un commentaire. À toi de rédiger un compte rendu à partir de ces éléments !

- la chambre du roi : au milieu du bâtiment central
- la galerie des Glaces : impressionnante par sa grandeur, longue de 73 mètres
- la chapelle du château : construite entre 1689 et 1710
- les jardins : conçus par André Le Nôtre ; magnifiques et parfaitement entretenus
- le Grand Trianon : palais commandé par Louis XIV pour fuir la cour

Nous avons commencé la journée par la visite de la chambre du roi, située ....

....

....

....

....

....

....

ATTENTION

Attention à bien respecter l'ordre dans lequel ont été prises les notes, et à ajouter des indicateurs temporels : à la fin de la matinée, l'après-midi, plus tard...

La conclusion du compte rendu

- Il s'agit de faire ressortir l'**intérêt** de la visite en indiquant ce que tu as appris, comment tu pourras t'en resservir, etc.
- Tu peux exprimer ici ton **avis personnel** sur la sortie, à condition de le justifier. Note que, pour agrémenter la présentation de ton compte rendu, tu peux y insérer une photographie du lieu de la visite. N'oublie pas la légende.

4 Indique quels sont les intérêts de la visite que l'élève fait ressortir dans son compte rendu.

La visite du Futuroscope à Poitiers nous a permis de découvrir toutes les avancées technologiques révolutionnaires du XXIe siècle. Nous avons été fascinés par les images immenses projetées sur des écrans géants, les images en relief et les éléments virtuels en 3D.
Nous savons maintenant que la production de ces images nécessite une grande maîtrise de l'informatique et du graphisme.

....

....

....

....

COUP DE POUCE

Reformule avec tes propres mots les deux principaux intérêts de cette visite.

5 **À TOI DE JOUER**

Sur ton cahier de rédaction, fais le compte rendu, en une quinzaine de lignes, d'une visite scolaire que tu as effectuée cette année avec ta classe.

COUP DE POUCE

Tu peux évoquer une balade scientifique, la visite d'un musée, d'une exposition, d'un monument, d'un site archéologique, d'une ville...

Corrigés p. 11

RÉDIGER UN TEXTE

19 Décrire une image

L'étude externe de l'image

- Pour comprendre une image, tu dois commencer par l'identifier à l'aide des informations contenues dans la légende.

Éléments à préciser	Exemple (image de la page 41)
L'**auteur** (tu peux donner quelques informations utiles sur sa biographie)	*Félix Lorioux (1872-1964)*
Le **titre** et l'**année**	*« Le Corbeau et le Renard », illustration pour les* Fables *de La Fontaine, 1929*
La **nature** : peinture, sculpture, céramique, photographie, dessin...	*Lithographie*

★★ 1

a. Observation

Observe l'illustration ci-contre, puis réponds aux questions sur ton cahier de rédaction.

1. Qui est l'auteur de cette image ?

....

2. Quel est le titre de cette image ?

....

3. Quelle est sa date de réalisation ?

....

4. Quelle est la nature de cette image ?

....

« Le Corbeau et le Renard », illustration pour les *Fables* de La Fontaine, J.-B. Oudry, gravure, 1729-1734.

COUP DE POUCE

Utilise la légende située au bas de l'image.

b. Interprétation

À partir des éléments que tu viens d'identifier, rédige une brève présentation de cette œuvre sur ton cahier de rédaction.

L'étude interne de l'image

- Après avoir identifié les éléments externes de l'image, on **décrit** celle-ci pour comprendre sa fonction (illustrer, informer, raconter, convaincre) et son sens.
- Pour mener ton analyse, prête une grande attention à la **composition** du tableau, c'est-à-dire à la manière dont sont disposés les éléments qui le composent. Procède par étapes : identifie les personnages, les objets ou les paysages situés au **premier plan**, puis au **second plan** et enfin à l'**arrière-plan**, et décris-les à l'aide d'adjectifs.

2 a. **Lis la fable puis, sur une feuille de brouillon, réponds aux questions sur l'image.**

1. Dans quelle position se trouve le corbeau ? Que fait-il ?
Dans quelle position se trouve le renard ? Que fait-il ?
2. Quels objets personnifient le corbeau ?
3. Quels vers précis sont illustrés par cette image ?

b. **Compare maintenant cette image avec celle de l'exercice 1.**

4. En quoi l'attitude du renard diffère-t-elle dans ces deux images ?
5. Quels vers précis sont illustrés dans la gravure d'Oudry ?
6. Qu'apporte l'utilisation des couleurs dans l'illustration de Lorioux ?
7. Quelle image utilise l'humour ? Justifie ta réponse.

COUP DE POUCE
Question 1 : observe et décris le bec du corbeau, le regard et la gueule du renard.

INFO
Question 2 : *personnifier* signifie ici « représenter comme un être humain ».

COUP DE POUCE
Question 7 : n'hésite pas à indiquer tes sentiments personnels.

Le Corbeau et le Renard

Maître Corbeau, sur un arbre perché,
Tenait en son bec un fromage.
Maître Renard, par l'odeur alléché,
Lui tint à peu près ce langage :
« Hé ! bonjour, Monsieur du Corbeau.
Que vous êtes joli ! que vous me semblez beau !
Sans mentir, si votre ramage
Se rapporte à votre plumage,
Vous êtes le Phénix des hôtes de ces bois. »
À ces mots le Corbeau ne se sent pas de joie :
Et pour montrer sa belle voix,
Il ouvre un large bec, laisse tomber sa proie.
Le Renard s'en saisit, et dit : « Mon bon Monsieur,
Apprenez que tout flatteur
Vit aux dépens de celui qui l'écoute.
Cette leçon vaut bien un fromage, sans doute. »
Le Corbeau honteux et confus,
Jura, mais un peu tard, qu'on ne l'y prendrait plus.

Jean de La Fontaine, *Fables*, livre I, 1668.

« Le Corbeau et le Renard », illustration pour les *Fables* de La Fontaine, F. Lorioux (1872-1964), lithographie, 1929.

À TOI DE JOUER

3 **Rédige sur ton cahier de rédaction un paragraphe qui décrit l'illustration de F. Lorioux.**
Après l'avoir présentée, tu l'analyseras en t'aidant des réponses aux questions de l'exercice précédent.

COUP DE POUCE
- Présente d'abord l'image à partir des informations données en légende.
- Puis décris la composition du tableau, les attitudes des deux personnages...
- Termine en indiquant si tu apprécies cette image, et explique pourquoi.

Corrigés p. 11

RÉDIGER UN TEXTE

20 Raconter un épisode épique

Organiser l'action

- Une épopée est un récit qui célèbre un **héros** ou un **fait glorieux**, en mêlant l'histoire et la légende. Dans un épisode épique, le héros est amené à traverser une épreuve dont il sortira vainqueur : duel, bataille, libération d'une captive...
- Le récit de ton épisode épique doit être organisé en **étapes**. Par exemple, si tu racontes une scène de bataille, tu peux commencer par décrire le héros et son adversaire, ainsi que le lieu dans lequel ils se trouvent. Puis, tu racontes le déroulement du combat. Enfin, tu peux terminer par une description finale du héros, reconnu de tous comme un être extraordinaire.

1 Remets les étapes de ce combat dans l'ordre en les numérotant de 1 à 7.

.... Le grand Énée le rattrape finalement et brandit alors son arme fatale.

.... Sur la plaine, les deux adversaires s'observent attentivement.

.... Mais voilà que, ayant perdu son arme, l'adversaire d'Énée prend la fuite.

.... Blessé à mort, l'ennemi tombe à terre.

.... Énée et son ennemi se livrent aussitôt un combat sans merci.

.... Le glorieux Énée brandit son épée en signe de victoire.

.... Soudain, le combat s'engage.

INFO

Sur le modèle de *L'Iliade* et de *L'Odyssée*, *L'Énéide*, du poète latin Virgile, raconte le voyage d'Énée, de Troie jusqu'en Italie, puis les guerres du héros pour la conquête du Latium.

Le choix des temps

- Les temps principaux du récit sont le passé simple et l'imparfait (voir p. 12).
- Dans un texte au passé, pour rendre une scène plus vivante, on peut aussi employer le **présent de narration** à la place du passé simple.

  *Énée parlait avec son fils Ascagne, quand il **entend** un bruit de pas.*
  *Inquiet, le héros **ajuste** sa flèche.*

2 a. Transpose le texte suivant au présent.

Dans l'Énéide, Turnus, promis à la même femme qu'Énée, lui déclare la guerre. Dans un premier temps, Turnus combat Pallas, un allié d'Énée.

Turnus lança (.................................) son javelot contre son adversaire. Le vaillant Pallas l'évita (.................................) de justesse : il se rua (.................................) alors sur son ennemi et lui asséna (.................................) un coup d'une extrême violence. Mais Turnus tint (.................................) bon et, profitant d'un instant d'inattention de Pallas, lui porta (.................................) un coup mortel.

ATTENTION

La cédille de *lança* disparaît au présent.

b. **Quelle version préfères-tu ? Pourquoi ?** ....

....

Le style de l'épopée (style épique)

- Il se caractérise par :
  - des mots (noms, adjectifs, adverbes…) ou des comparaisons qui montrent les **qualités extraordinaires** des personnages et des actions :

    Aussi rapide qu'un dieu, Achille esquivait avec une ***prodigieuse habileté*** *les coups de son adversaire.*

  - les champs lexicaux du **combat**, du **courage** et de la mort ;
  - **des exagérations** (une force colossale, un combat extraordinaire, un guerrier gigantesque…).

  Dans les épopées antiques, on associe souvent au nom des héros un complément qui les caractérise : *le divin Ulysse, l'avisée Pénélope, Achille aux pieds légers.*

3 **Complète le texte suivant avec les mots proposés :** endurant – exceptionnelles – ingéniosité – intrépide – invincible – loyal – prouesses – vaillance.

ATTENTION Prends en compte les marques d'accord des adjectifs.

Un héros épique fait preuve de qualités .... Il accomplit des .... Il reste toujours fidèle à sa parole : il est .... Capable de combattre pendant des heures, il est très .... il n'hésite pas à se lancer dans des entreprises périlleuses. Pour piéger l'ennemi, il doit souvent faire preuve d'.......... . Sa .... est sans égale. Les dieux le rendent ....

4 **Complète le tableau avec les expressions suivantes :** blesser à mort – s'élancer – asséner un coup fatal – bondir – remplir son carquois de flèches – décocher une flèche – se ruer vers – lancer un javelot – tirer son glaive acéré – revêtir son armure – tenir l'ennemi à sa merci.

Préparation au combat	Poursuite	Maniement des armes	Mise à mort
....	....	....	....
....	....	....	....
	....	....	....

5 **À TOI DE JOUER**

Turnus et Énée se rencontrent enfin ! Sur ton cahier de rédaction, raconte le combat qui les oppose au présent de narration.

COUP DE POUCE Tu peux utiliser les expressions proposées dans l'excercice 4.

Corrigés p. 12

RÉDIGER UN TEXTE

21 Imaginer un conte

Déterminer les éléments clés d'un conte

Les éléments clés	Exemple du « Petit Chaperon rouge »
Le héros d'un conte doit accomplir une **mission** et, pour cela, surmonter des **épreuves**.	*Le Petit Chaperon rouge doit apporter une galette à sa grand-mère et, pour cela, traverser la forêt et affronter ses dangers.*
À la fin, il découvre une **vérité**.	*Ses aventures avec le loup lui apprennent qu'il vaut mieux obéir à ses parents.*
Dans sa quête, le héros peut être aidé par des **adjuvants** ou, au contraire, confronté à des **opposants**.	*Le loup est un opposant ; le chasseur, un adjuvant.*
Des personnages ou des objets peuvent être dotés de pouvoirs surnaturels (éléments **merveilleux**).	*Le loup parle.*
Le conte se situe dans un **passé lointain** (*Il était une fois…*) et dans un **lieu symbolique**.	*La forêt symbolise le lieu de tous les dangers.*

★ **1** **Relie chacun des personnages à sa mission.**

un crapaud •	• tuer un dragon
un enfant •	• redevenir prince charmant
un prince •	• devenir riche et bienfaisant
un bûcheron •	• s'enfuir de chez une sorcière

COUP DE POUCE
Trouve le personnage le plus adapté à chaque mission.

★★ **2** **Voici trois héros et leur mission. Imagine pour chacun d'eux une épreuve à surmonter, ainsi que les personnages, adjuvant et opposant, qu'ils rencontrent.**

Mission du personnage	Épreuve	Opposant	Adjuvant
Une princesse cherche à se marier.	……………………	……………………	……………………
Un enfant cherche son frère enlevé par un dragon.	……………………	……………………	……………………
Un vieil homme cherche une eau qui rend jeune.	……………………	……………………	……………………

COUP DE POUCE
Tu peux t'aider des contes que tu connais pour trouver des idées.

3 Explique, en une phrase, quel pourrait être le pouvoir magique de ces objets.

1. un anneau : ....

2. un tabouret : ....

3. une lampe : ....

ATTENTION

Chaque objet doit permettre de réaliser des choses vraiment surprenantes.

Fixer les étapes du conte

- Un conte s'organise en cinq étapes.

N°	Intitulé de l'étape	Contenu
1	la **situation initiale**	Au début du conte sont présentés le cadre et les personnages. Ceux-ci sont dans une situation stable, heureuse ou malheureuse.
2	l'**élément déclencheur**	Événement qui met fin à l'équilibre initial et déclenche l'action.
3	les **péripéties**	Suite d'actions qui sont la conséquence de l'élément déclencheur et qui forment l'essentiel du récit.
4	l'**élément de résolution**	Événement qui met fin à l'action.
5	la **situation finale**	Nouvelle situation d'équilibre produite par l'élément de résolution.

4 Remets dans l'ordre les cinq étapes du conte « Le Malin Petit Tailleur » de Grimm.

.... Trois tailleurs se présentent ; la princesse pose à chacun une énigme.

.... Le plus jeune tailleur se marie avec la princesse.

.... Une princesse orgueilleuse ne trouve aucun homme digne de l'épouser.

.... Le plus jeune résout l'énigme.

.... Elle annonce qu'elle épousera l'homme qui saura résoudre l'énigme qu'elle lui posera.

5 À TOI DE JOUER

Choisis les éléments du conte que tu vas être amené à écrire au fil des trois chapitres suivants. Il te faut :

1. un héros
2. une mission et des épreuves à surmonter
3. d'autres personnages (opposants et adjuvants)
4. les lieux où ton conte se déroulera
5. des éléments merveilleux
6. la découverte finale du héros (= le message du conte)

COUP DE POUCE

Sur ton cahier de rédaction, note les six éléments demandés puis les cinq étapes de ton récit. Tu ne dois pas encore rédiger de véritables phrases.

COUP DE POUCE

Tu peux imaginer des personnages et des situations amusants caractéristiques de notre époque.

Corrigés p. 12

RÉDIGER UN TEXTE

22 Concevoir une situation initiale

Le début d'un conte

- Il précise tous les éléments essentiels de l'histoire. Il contient :
  - une **formule d'ouverture** du type *« Il était une fois... »*, *« Il y avait autrefois... »* ;
  - une brève et vague **indication de lieu** (dans une forêt, dans un royaume lointain...) ;
  - une **présentation**, rapide elle aussi, **du héros**, de sa situation et de ses problèmes éventuels.

★★ **1** **a. Lis les débuts de contes suivants.**

1. Il y avait autrefois un roi et une reine qui disaient chaque jour : « Ah, que ne pouvons-nous avoir un enfant ! » et jamais il ne leur en venait.

Charles Perrault, « La Belle au bois dormant », in *Contes*, 1697.

2. Une fois, il y a bien longtemps, il était un roi qui avait un joli jardin d'agrément derrière son château, et là il y avait un arbre qui portait des pommes d'or.

Frères Grimm, « L'Oiseau d'or », in *Contes* (1812), trad. M. Robert, 1976.

b. En prenant exemple sur ces modèles, rédige une situation initiale intégrant :
– une formule d'ouverture comportant un verbe (*être* ou *avoir*) à l'imparfait ;
– une présentation du héros (*qui ?*) et la mise en place d'un cadre (*quand ?* et *où ?*).
Pour le personnage, tu diras quels sont ses problèmes, ses espoirs ou, au contraire, ses joies au début du conte.

COUP DE POUCE
• Exemples de personnages : un prince, un enfant exceptionnellement grand, un animal doté de pouvoirs, une fée...
• Exemples de lieux : une forêt, un château, une chaumière...

Le héros d'un conte

- Il est assez peu décrit. C'est généralement un enfant ou un adolescent.

  Il est souvent désigné à partir d'un détail :
  - de son **physique** : Blanche-Neige, par exemple, *a la peau aussi blanche que la neige* ;
  - de son **costume** : le Petit Chaperon rouge est appelé ainsi en raison de la *couleur de son capuchon* (chaperon) ;
  - de son **histoire**, comme la *Belle au bois dormant*.

  Le héros change en principe de situation au cours du conte (il se marie, il devient riche...), et les épreuves qu'il affronte le transforment.

2 **Reprends le héros que tu as choisi pour l'exercice 1 et remplis sa fiche d'identité !**

Nom du héros, âge	Aspect physique	Situation au début	Situation à la fin
....	....	....	....
....	....	....	....
....	....	....	....
....	....	....	....
....	....	....	....

ATTENTION
Tu ne dois pas donner d'éléments trop précis.

3 a. **Dans la liste suivante, entoure 3 adjectifs qui pourraient caractériser le héros imaginé aux exercices 1 et 2.**

avare – beau – fidèle – fier – généreux – habile – humble – laid – malin – méchant – pauvre – rancunier – riche.

b. **Justifie le choix de chaque adjectif, en expliquant pourquoi on peut dire que le personnage possède ces traits moraux ou physiques.**

Ex. : *Le héros est courageux parce qu'il n'hésite pas à affronter un dragon.*

1. ....

2. ....

3. ....

4 **Tu te réveilles un beau matin en héros de conte… Imagine quel type de héros tu serais, et décris-toi dans ce personnage.**

Ce matin-là, quand je me suis réveillé(e), je n'étais plus tout à fait moi-même, puisque j'étais devenu(e) ....

....

....

....

COUP DE POUCE
- N'oublie pas de mettre les verbes de la description à l'imparfait.
- Tu peux utiliser des adjectifs et des comparaisons.

5 À TOI DE JOUER

Réunis tous les éléments que tu as choisis pour la rédaction de ton conte à la fin du chapitre 21, p. 45. À partir de ces éléments, rédige la situation initiale de ton conte présentant ton héros, puis rédige l'élément déclencheur. (Travaille sur ton cahier de rédaction.)

ATTENTION
- Il faut que tu crées un paragraphe pour chaque étape.
- N'oublie pas la formule d'ouverture !
- Rédige l'élément déclencheur au passé simple.

Corrigés p. 13

RÉDIGER UN TEXTE

23 Insérer un dialogue dans un récit

La ponctuation du dialogue

Le Petit Chaperon rouge dit au loup :
« Je vais voir ma mère-grand, et lui porter une galette avec un petit pot de beurre que ma mère lui envoie.
– Demeure-t-elle bien loin? lui demanda le loup.
– Oh ! oui, répondit le Petit Chaperon rouge, c'est par-delà le moulin que vous voyez tout là-bas. »

- Observe le dialogue ci-dessus et retiens que :
  - les deux-points (:) signalent l'ouverture du dialogue ;
  - le tiret (–), suivi d'une majuscule, indique un changement de locuteur ;
  - les guillemets (« ») sont parfois ouverts devant la première réplique du dialogue, ils remplacent alors le tiret. Il faut les refermer après la dernière réplique du dialogue.

1 Une sorcière a jeté un mauvais sort au texte suivant : tous les signes de ponctuation du dialogue se sont volatilisés ! Redonne à ce texte sa forme initiale.

Il s'agit d'un dialogue entre Barbe-Bleue, sa femme et la sœur de sa femme, Anne.

Cependant Barbe-Bleue, tenant un grand coutelas à la main, criait de toute sa force à sa femme Descends vite, ou je monterai là-haut. Encore un moment, s'il vous plaît, lui répondit sa femme ; et puis elle criait Anne, ma sœur Anne, ne vois-tu rien venir ? Je vois, répondit la sœur Anne, une grosse poussière qui vient de ce côté-ci. Sont-ce mes frères ? Hélas, non, ma sœur, c'est un troupeau de moutons. Ne veux-tu pas descendre ? criait Barbe-Bleue. Encore un moment, répondait sa femme.

D'après Charles Perrault, « La Barbe-Bleue », in *Contes*, 1697.

COUP DE POUCE

Pour enlever le mauvais sort, tu dois créer neuf paragraphes, utiliser deux fois les deux-points, sept fois les tirets, et ouvrir et fermer les guillemets.

Les caractéristiques du dialogue

- Un dialogue rapporte les paroles des personnages **telles qu'elles ont été prononcées**. Il permet de rendre un récit **plus vivant**.
- On y trouve :
  - des mots des **1re et 2e personnes** (*je, mon, le mien, tu, ton, le tien, vous, le vôtre...*) ;
  - des **types de phrases** différents (*déclaration, interrogation, ordre, exclamation*) ;
  - des **caractéristiques du message oral** : des registres de langue variés, des interjections... ;
  - des verbes surtout au **présent**, même si le récit est au passé.

2 D'un coup de baguette magique, transforme sur ton cahier de rédaction cet extrait de « Cendrillon » de Perrault en un dialogue entre la marraine et Cendrillon.

Sa marraine lui recommanda sur toutes choses de ne pas passer minuit, l'avertissant que si elle demeurait au bal un moment davantage, son carrosse redeviendrait citrouille, ses chevaux des souris, ses laquais des lézards, et que ses vieux habits reprendraient leur première forme. Elle promit à sa marraine qu'elle ne manquerait pas de sortir du bal avant minuit.

Charles Perrault, « Cendrillon », in *Contes*, 1697.

ATTENTION

Le pronom *elle* devient tu. Dans ton dialogue, tu auras : un verbe à l'impératif, un au présent et trois au futur simple.

3 **Imagine le dialogue entre le Petit Chaperon rouge, la grand-mère et le chasseur après que ce dernier les a tirées du ventre du loup.**

....

....

....

....

....

....

....

....

COUP DE POUCE

Fais parler deux fois chaque personnage. Tu peux aussi imaginer des phrases de récit qui entourent ton dialogue.

Les verbes introducteurs

- Les verbes introducteurs (en rouge dans l'exemple du premier cadre) peuvent annoncer le dialogue ou préciser la personne qui parle. Ce sont des verbes : de **déclaration** (*dire, affirmer, déclarer*), d'**injonction** (*ordonner*), d'**interrogation** (*demander, interroger*) ou de **réponse** (*répondre, répliquer*).
- Ces verbes et les propositions qui les contiennent peuvent renseigner sur la **manière dont s'exprime le personnage** (*chuchoter, hurler*), sur son attitude, ses sentiments.
- Les propositions qui contiennent ces verbes peuvent **précéder** ou **suivre** le dialogue. Parfois, elles le **coupent** : le sujet est alors inversé et la proposition est séparée du dialogue par des virgules.

  *Je souhaite, **dit-elle**, que tu rendes visite à ta mère-grand.*

4 **Insère dans ce dialogue, pour le rendre plus clair et plus vivant, des propositions contenant des verbes introducteurs avec leur sujet et des compléments informant sur la manière dont les paroles sont prononcées.**

Trois jeunes princes se disputent sur la façon d'occuper leur journée.

« Et si on faisait un tournoi ?

– Oh ! non, à trois ce n'est pas drôle !

– Dans ce cas, que proposes-tu ?

– On pourrait aller attaquer un dragon ?

– Tu plaisantes, on les a déjà tous tués !

– Eh bien, moi, je propose d'aller rendre visite à une princesse.

– Quelle bonne idée ! »

COUP DE POUCE

Tu peux insérer tes propositions avant ou après les phrases de dialogue, ou même au milieu.

5 À TOI DE JOUER

Reprends le conte que tu écris depuis le chapitre 22 et imagine sur ton cahier de rédaction un dialogue entre ton héros et un personnage de ton choix.

ATTENTION

Il faut que ce dialogue puisse s'insérer dans ton conte.

Corrigés p. 13

RÉDIGER UN TEXTE

24 Écrire la fin d'un conte

L'élément de résolution et la situation finale

- **L'élément de résolution** est l'événement qui met **fin à l'action**. Les épreuves que le héros a affrontées lui ont permis de s'affirmer, de mieux se connaître. À partir de là, le héros est arrivé à la fin de ses aventures : ses problèmes sont résolus.
- **La situation finale** correspond aux **dernières lignes** d'un conte. C'est une situation stable, différente de la situation de départ, et en principe joyeuse.
Le héros est transformé. Ce peut être une transformation sociale (un meunier qui devient roi) ou une transformation de son caractère.
Dans « La Belle au bois dormant » par exemple, l'élément de résolution est le réveil de la princesse Aurore par le baiser du prince charmant. La situation finale évoque le mariage de la princesse et la naissance de ses enfants.

★★ 1 Complète le tableau en mettant en relation la situation initiale et la situation finale.

Situation initiale	Situation finale
Une jeune princesse vit seule dans un château.	Elle se marie et elle a beaucoup d'enfants.
1.	Le bûcheron est riche et vit heureux avec toute sa famille.
Un petit garçon n'a pas d'amis.	2. ....
Un corbeau est amoureux d'une étoile.	3. ....

INFO
La fin d'un conte est souvent heureuse, mais elle n'est pas toujours celle que l'on attend !

★★ 2 Retrouve l'élément de résolution et la situation finale de ce conte-télégramme et rédige ces deux étapes sur ton cahier de rédaction.

DRAGON ENLEVÉ PRINCESSE – ROI DEMANDE CHEVALIERS SAUVER PRINCESSE – TROIS CHEVALIERS ATTAQUENT DRAGON – PREMIER CHEVALIER CARBONISÉ – DEUXIÈME ÉCRABOUILLÉ – TROISIÈME AVALÉ TOUT CRU – ROI DÉSESPÉRÉ – FACTEUR IDÉE – ENVOIE LETTRE PIÉGÉE DRAGON – DRAGON EXPLOSE – PRINCESSE ÉPOUSE FACTEUR – HEUREUX – FAMILLE NOMBREUSE – RÉDUCTION SNCF – FIN.

Bernard Friot, « Histoire-télégramme », in *Nouvelles Histoires pressées*, © Milan Junior, 2000.

COUP DE POUCE
Tu dois former des phrases complètes. N'hésite pas à développer les éléments de ce récit !

★★ 3 Sur ton cahier de rédaction, imagine, en quelques lignes, la fin du conte suivant (élément de résolution et situation finale).

Une jeune femme était désespérée de ne pas trouver de mari. Ses efforts étaient toujours vains. Elle prit finalement la décision d'aller consulter une descendante de Merlin. Celle-ci lui prépara une mixture qui devait lui permettre de trouver le grand amour. La jeune femme l'avala d'un trait. En sortant de chez l'enchanteresse, elle vit un crapaud...

COUP DE POUCE
Un crapaud peut cacher un prince charmant.

4 **Imagine et rédige en quelques lignes une situation finale qui pourrait clore, selon toi, le conte « Le Pêcheur et sa femme » des frères Grimm. En voici le début.**

> Il était une fois, dans le temps jadis, un pêcheur avec sa femme, qui vivaient ensemble dans une minuscule cabane tout au bord de la mer ; et tous les jours le pêcheur s'en allait lancer sa ligne, et il lançait sa ligne, et il la lançait.
> Ainsi, un jour, il était assis près de sa ligne et il regardait toujours dans l'eau claire, il regardait et il était assis, assis.
> Puis tout à coup la ligne plongea et s'en alla au fond, tout au fond ; et quand il la remonta, il tira dehors un grand turbot qui était au bout. Alors le turbot parla.

Frères Grimm, « Le Pêcheur et sa femme », in *Contes*, © trad. A. Guerne.

....

....

....

....

....

....

INFO

- Le turbot est un poisson.
- Quand tu auras inventé ta propre fin, tu pourras chercher comment les frères Grimm ont terminé leur conte et comparer les deux versions.

La morale

- Souvent, les contes se terminent par une morale. C'est la **leçon de conduite** que l'on peut tirer de leur lecture. Par exemple, on peut découvrir à la lecture de « Cendrillon » que la gentillesse est récompensée.
- La morale peut être donnée par l'auteur ou bien cela peut être au lecteur de la trouver. Les morales sont rédigées au **présent de vérité générale** car elles sont toujours vraies.

5 **À quel conte pourrait s'appliquer chacune de ces morales ?**

« La Barbe-Bleue » •	• Faire confiance à quelqu'un peut amener richesse et bonheur.
« Le Petit Poucet » •	• Être trop curieux peut s'avérer très dangereux.
« Le Chat botté » •	• Le plus petit est parfois le plus malin.

COUP DE POUCE

Si tu ne te souviens plus de tous ces contes, c'est l'occasion de les relire !

6 **Invente trois morales que tu aimerais voir illustrées par des contes. Tu les rédigeras en une phrase, chacune au présent.**

1. ....

2. ....

3. ....

7 **À TOI DE JOUER**

Il s'agit maintenant de terminer le conte que tu écris depuis le chapitre 22. Rédige sur ton cahier de rédaction une ou deux péripéties, puis l'élément de résolution et la situation finale. Termine enfin par une morale.

ATTENTION

Les péripéties doivent être bien orientées vers la résolution de ton conte.

Corrigés p. 14

RÉDIGER UN TEXTE

25 Écrire une fable

Déterminer les éléments clés d'une fable

Les éléments clés d'une fable	Exemple : « Le Corbeau et le Renard » (La Fontaine)
Les **acteurs** de la fable : – souvent des animaux ou végétaux qui ont des comportements humains (on parle de personnification) ; – parfois des hommes.	*Un renard flatteur et un corbeau naïf.*
Le **récit**	*Un renard séduit par ses belles paroles un corbeau et l'amène ainsi à lâcher le fromage qu'il tient dans son bec.*
La **morale**	*« Tout flatteur vit aux dépens de celui qui l'écoute. » Autrement dit : ne vous laissez pas piéger par des flatteries.*

★ **1** **À chacun des animaux ou végétaux cités, associe la caractéristique qui lui est traditionnellement attribuée.**

le chêne •	• l'agilité
le singe •	• la rapidité
le lièvre •	• la robustesse
la tortue •	• la lenteur
le chat •	• la ruse

★★ **2** **Pour chacun des titres de fables ci-dessous, imagine en une phrase la façon dont les personnages pourraient entrer en compétition et comment le plus rusé des deux finirait par l'emporter.**

Ex. : « Le Lièvre et la Tortue » (fable de Jean de la Fontaine).
Lors d'une course contre une tortue, le lièvre, trop sûr de sa supériorité physique, s'accorde des pauses. Il est finalement battu par la tortue.

1. L'éléphant et la souris

....

....

2. L'homme et la panthère

....

....

3. Le ver de terre et l'aigle

....

....

COUP DE POUCE

Voici quelques idées dont tu peux t'inspirer.
- 1 : L'éléphant et la souris, prisonniers, se retrouvent dans un filet.
- 2 : L'homme et la panthère s'affrontent.
- 3 : Un ver de terre est menacé par un aigle.

3 La personnification. Associe à chaque personnage une ou des caractéristiques humaines, en fonction du défaut qui lui est attribué. Tu peux utiliser les propositions qui suivent : un regard mal assuré – une attitude hautaine – une voix mielleuse – un regard sournois – un sourire hypocrite – une voix hésitante – des yeux fuyants – une voix méprisante.

Personnage	Défaut	Caractéristiques humaines
la fleur	la peur	....
le renard	la ruse	....
le vent	l'orgueil	....

COUP DE POUCE
Dans les propositions, tu trouves deux caractéristiques pour la fleur, quatre pour le renard et deux pour le vent.

Formuler la morale

- La morale est une leçon que le fabuliste tire du récit. Elle consiste souvent à dénoncer un défaut. Un proverbe connu peut servir de morale.
- Une morale présente certaines caractéristiques d'écriture :
  - le **présent de vérité générale**, qui exprime un fait vrai de tout temps ;
  - une **formule généralisante** comprenant les mots *on, chacun, tous, toujours*, etc.
- La morale se détache du récit par un nouveau paragraphe. On peut la placer avant ou après le récit.

4 Reprenons l'exemple de la fable « Le Lièvre et la Tortue » (exercice 2) : quelle morale peut illustrer le récit ? Coche la (ou les) bonne(s) réponse(s).

- ❑ « Il ne faut pas se fier aux apparences. »
- ❑ « Tel est pris qui croyait prendre. »
- ❑ « Rien ne sert de courir : il faut partir à point. »

COUP DE POUCE
Tu peux vérifier ta réponse en relisant la fable en entier.

5 Trouve une morale qui pourrait s'appliquer à ces deux situations.

1. Un renard, pris dans un piège, est délivré par un hérisson.
2. Un moucheron empêche un chasseur de tuer un sanglier.

....

....

6 À TOI DE JOUER

Choisis deux animaux qui s'opposent. Invente un récit dans lequel la situation s'inverse : l'animal le plus faible sauve le plus fort. Tu illustreras ainsi la morale « On a souvent besoin d'un plus petit que soi ».
(Travaille sur ton cahier de rédaction.)

COUP DE POUCE
Dans l'exercice 6 :
– n'hésite pas à utiliser des dialogues pour rendre le récit plus vivant ;
– pour introduire la morale de ton récit, tu peux utiliser ce type de formule : « Tout homme qui... », « Chacun sait que... ».

Corrigés p. 15

26 Saisir un texte

Le clavier

- Voici des touches importantes du clavier :

Cette touche permet de saisir des lettres en majuscule : maintiens-la enfoncée en même temps que tu appuies sur la lettre désirée. Grâce à elle, tu peux aussi saisir les caractères signalés en haut des touches (point d'interrogation, point, tréma, etc.).

Cette touche permet de supprimer des caractères ou des mots sélectionnés.

Utilise cette touche pour revenir à la ligne.

Cette touche sert à saisir les caractères signalés en bas à droite des touches (par exemple : @).

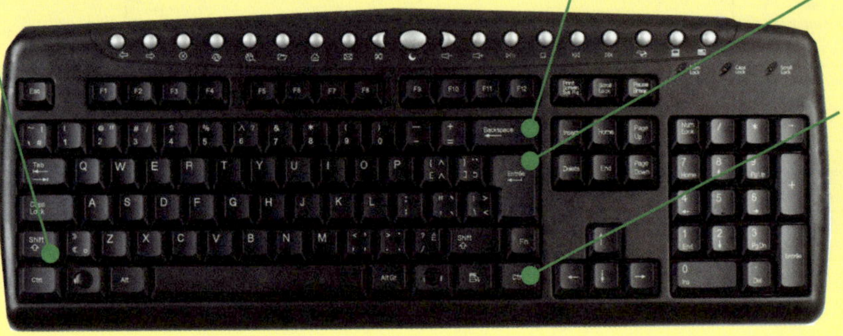

- Retiens ces quelques règles de disposition des espaces avant et après les signes de ponctuation :

Signe de ponctuation	Espace avant	Espace après	Exemple
point et virgule	non	oui	Bonjour, dit-il.
point-virgule, point d'exclamation, point d'interrogation, deux-points	oui	oui	C'est lui ; je le reconnais. A-t-il apporté le livre ? Non ! Il l'a oublié !

INFO
Les indications et les visuels des chapitres 26 et 27 font référence au traitement de texte d'Open Office.

1 ★ **Saisis le texte suivant sur ton ordinateur en ajoutant la ponctuation nécessaire et les majuscules.**

un père avait deux fils le premier était réfléchi et intelligent il savait se tirer de toute aventure le cadet en revanche était sot incapable de comprendre et d'apprendre et quand les gens le voyaient ils disaient « Avec lui son père n'a pas fini d'en voir »

D'après les frères Grimm, « Histoire de celui qui s'en alla apprendre la peur », in *Contes*, 1812.

COUP DE POUCE
Tu dois ajouter quatre points, quatre virgules, et un deux-points. Respecte bien la règle de placement des espaces.

2 ★ **Sur ton traitement de texte, redonne sa forme d'origine à cette morale du conte « La Belle au bois dormant » de Perrault.**

Attendre quelque temps pour avoir un époux,/ Riche, bien fait, galant et doux,/ La chose est bien naturelle,/ Mais l'attendre cent ans, et toujours en dormant,/ On ne trouve plus de femelle,/ Qui dormît si tranquillement.

D'après Charles Perrault, « La Belle au bois dormant », in *Contes*, 1697.

ATTENTION
Les / t'indiquent la fin des vers et donc tous les endroits où tu dois aller à la ligne.

3 ★★★ **Saisis maintenant sur ton ordinateur le conte que tu as imaginé aux chapitres 22 et 24 (excepté le dialogue).**

Réaliser un « copier-coller »

- Lorsque tu veux **déplacer un paragraphe ou un bout de texte,** cette fonction est très utile.
- Sélectionne le texte à déplacer, puis dans l'onglet « Édition », clique sur « Copier ».
- Place ensuite ton curseur à l'endroit où tu souhaites insérer le texte copié, et clique sur « Coller ».

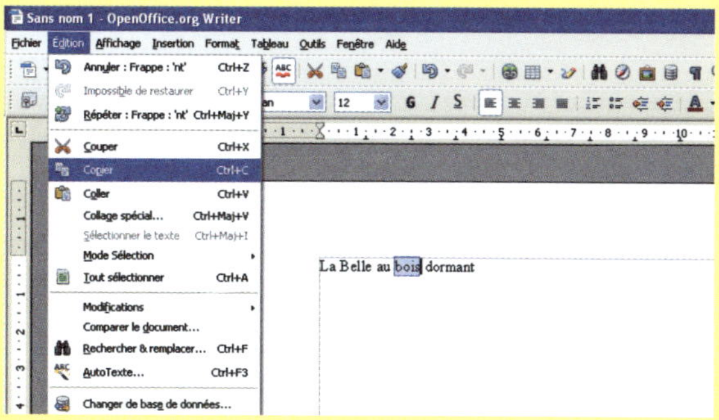

4 **Saisis maintenant le dialogue du conte que tu as imaginé au chapitre 23. Puis insère-le au milieu de ton récit à l'aide de la fonction « copier-coller ».**

Utiliser d'autres fonctionnalités

1 Les fonctions de base : l'icône de gauche sert à créer un nouveau document ; celle du milieu, à ouvrir un document déjà existant ; celle de droite, à enregistrer un document.

2 La police et la taille de police : pour les appliquer, sélectionne d'abord tout ton texte. Généralement, dans les documents officiels, on utilise la police Times New Roman en taille 12.

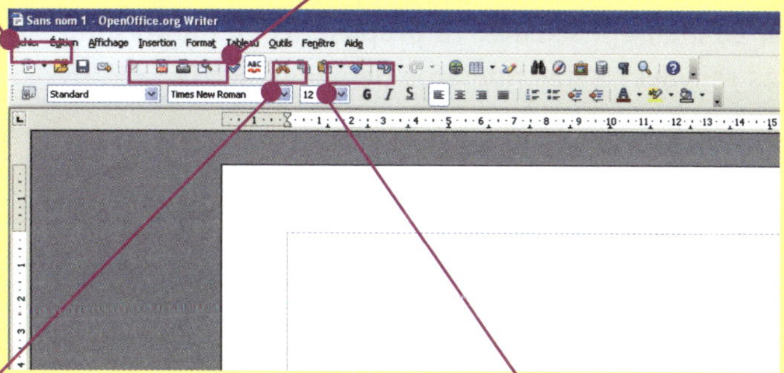

3 Les enrichissements : la touche « **G** » permet de passer en gras un mot sélectionné, la touche « *I* » permet de le passer en *italique*. Dans un récit, tu n'auras besoin du gras que pour les titres de chapitres. Les mots étrangers et les titres d'œuvres doivent apparaître en italique. Par exemple : *Les Métamorphoses* d'Ovide, une *start-up*...

4 La justification : tu as la possibilité d'aligner ton texte à gauche, à droite, de le centrer, ou encore de faire en sorte que toutes les lignes aient la même longueur (« justification forcée »). Dans un récit, tu peux utiliser l'alignement à gauche ou la justification forcée. Mais si tu rédiges un poème, tu devras le centrer ou l'aligner à gauche.

5 **a. Maintenant que tu as saisi l'intégralité de ton conte, décompose-le en paragraphes.**

b. Choisis la police de ton texte et sa taille puis sélectionne l'alignement qui te convient.

ATTENTION
N'oublie pas d'utiliser la touche « Tab » pour former les alinéas de tes paragraphes.

Corrigés p. 15

27 Améliorer la présentation d'un texte

Créer une page de titre et un sommaire

- Sur ta page de titre, **centre le titre**, après l'avoir sélectionné, en utilisant l'icône « Centré » située dans la barre d'outils. Puis choisis une grande taille pour ta police, afin que le titre soit bien visible. Enfin, inscris en bas de la page ton nom, l'année et ta classe.
- Il faut aussi que tu **numérotes les pages** de ton document. Pour cela, tu vas dans l'onglet « Insertion » puis « Pied de page », et tu sélectionnes l'option « Standard ». Ensuite, clique de nouveau sur l'onglet « Insertion », puis « Champ », et enfin « Numéro de page ».
- Sur ta page de sommaire, n'oublie pas d'indiquer le numéro de page des différents chapitres.

★★ 1 **Crée une page de titre pour un petit fascicule qui s'intitulerait *Histoires et légendes de l'Égypte ancienne*. Tu y feras bien sûr apparaître le titre, le nom de l'auteur (tu peux imaginer que c'est toi !), l'année d'édition (par exemple, 2013).**

★★ 2 **Invente un sommaire pour ce même fascicule. Tu proposeras au moins cinq titres de chapitres et tu les feras renvoyer à des numéros de pages fictifs.**

Vérifier l'orthographe

- Tu peux vérifier l'orthographe de l'ensemble de ton texte de façon automatique. Dans la barre d'outils, l'icône « ABC » soulignée en rouge permet d'activer et désactiver la correction automatique. L'icône « ABC » associée à un tick bleu lance le vérificateur d'orthographe.

1 La faute éventuelle est signalée en rouge.

2 Des suggestions de correction sont proposées.

3 Si tu es d'accord avec une suggestion du correcteur, sélectionne-la, puis clique sur « Modifier ». Si tu n'es d'accord avec aucune des suggestions – tu as le droit ! – clique sur « Ignorer ».

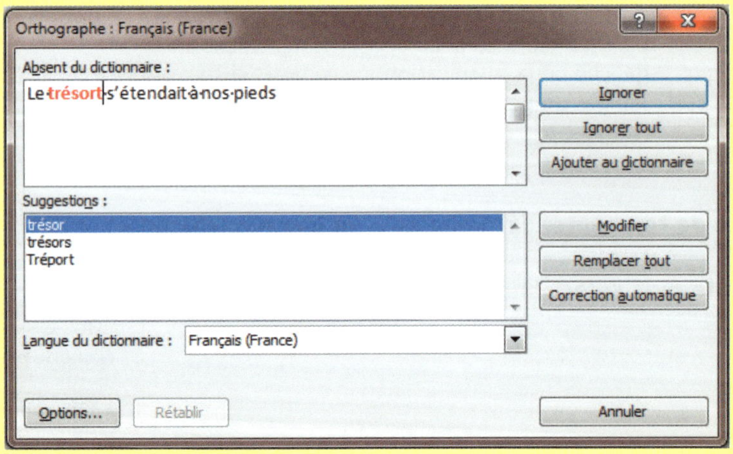

- Attention, il ne faut pas toujours accepter les propositions du correcteur : il peut se tromper !

3 **Copie le texte suivant sur ton traitement de texte, et corrige les fautes. Attention, la plupart d'entre elles ne sont pas reconnues par le correcteur d'orthographe !**

Il y a plus de 5 000 ans, la civilisation égiptienne a commencer à se développé autour du Nil. S'est le plus long fleuve du monde.
Tout les ans, le Nil déborde et dépose des éléments fertiles sur ses berges, ou se développe des papyrus et des lotus. En 1964, la construction du barrage d'Assouan a mit fin à ces crues.
Sans le Nil, l'Égypte ne serais donc qu'un désert, et la civilisation égyptienne n'aurait certainement pas pu se développer !

ATTENTION
Il y a dix fautes à trouver, dont six qui ne sont pas signalées par le correcteur ! Attention, un sujet mal accordé a son verbe placé avant lui.

Insérer une image

- Pour enrichir davantage ton document, tu peux y ajouter une ou plusieurs images. Il faut que ces images soient **numérisées** et **enregistrées** sur ton ordinateur. Tu peux en sélectionner sur Internet ; utilise le clic droit de la souris pour les enregistrer (sélectionne « Enregistrer sous » puis le format « JPEG »).
- Pour insérer une image dans ton document, tu places ton curseur à l'endroit désiré ; tu vas ensuite dans l'onglet « Insertion » et tu cliques sur « Image », puis tu sélectionnes celle de ton choix.
- Enfin, ajoute une **légende** à ton image (un titre, l'auteur et la date, si tu les connais).

4 **Choisis sur Internet une image relative à l'Égypte ancienne pour illustrer le petit fascicule et insère-la sur ta page de titre.**

COUP DE POUCE
Tu peux taper les mots clés suivants : Images Egypte ancienne.

Modifier une image

- Une fois que tu as inséré une image sur ta page, une nouvelle boîte à outils apparaît sur l'écran. Elle permet d'apporter des modifications à l'image.

En cliquant sur cette icône, tu as accès à une multitude de fonctions servant à retoucher l'image. Par exemple, tu peux l'« adoucir » ou la rendre plus nette.

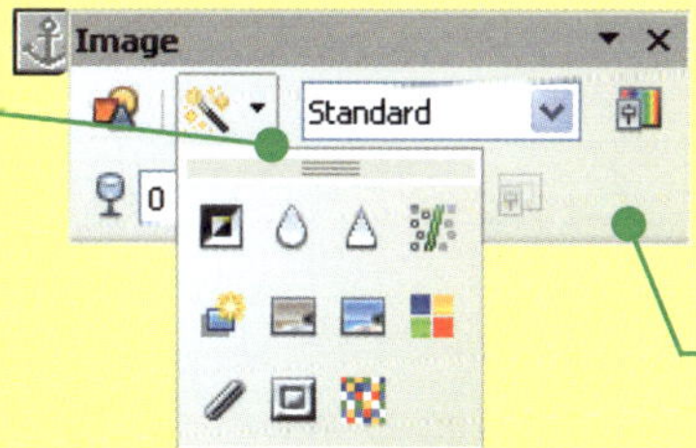

Si tu cliques sur cette icône, tu feras apparaître une petite fenêtre permettant de modifier les couleurs de ton image.

- Pour agrandir ou réduire ton image, sélectionne-la, puis place ton curseur dans un de ses quatre coins. Lorsqu'une double flèche apparaît, clique et promène ta souris pour faire varier les dimensions.

5 **Maintenant que tu t'es entraîné, enrichis la présentation du conte que tu as saisi au chapitre précédent.**

COUP DE POUCE
Tu dois notamment : réaliser une page de titre en y insérant une image ; numéroter les pages ; vérifier l'orthographe ; insérer une ou deux images dans le texte.

Corrigés p. 15

Mon cahier de rédaction

Mon cahier de rédaction

Comment relire sa rédaction ?

Vérifie que tu as...	...à l'aide de ces questions et conseils
traité le sujet proposé	• As-tu respecté l'époque, le lieu, les personnages, l'action indiqués dans le sujet ? • As-tu traité tous les éléments indiqués dans le sujet, sans en laisser aucun de côté ?
écrit un texte cohérent	• As-tu respecté les différentes étapes du récit ? As-tu bien exposé la situation initiale, créé des péripéties, dénoué l'action ? • Les événements racontés sont-ils vraisemblables par rapport aux circonstances et aux personnages mis en place ? • As-tu conservé le même narrateur tout au long du récit ? • As-tu respecté le temps de base initialement choisi (passé simple ou passé composé ou présent) ? • As-tu utilisé un niveau de langue homogène et conforme au contexte de l'histoire racontée ?
équilibré les composantes de ton texte	• Le dialogue ne prend-il pas trop le pas sur le récit ? • Le récit comprend-il des éléments de description ?
enrichi ton texte	• As-tu fait attention à utiliser un vocabulaire riche et précis ? • As-tu réussi à éviter les répétitions grâce à l'utilisation de pronoms ou de synonymes ? • As-tu fait appel à des mots de liaison pour exprimer les enchaînements ?
évité les fautes de langue	• Tes phrases sont-elles correctement construites (toujours avec un verbe principal, sauf éventuellement dans les répliques des dialogues) ? • As-tu vérifié l'accord : – des verbes avec leur sujet ? – des adjectifs avec le nom auquel ils se rapportent ? • As-tu vérifié l'orthographe des mots que tu ne maîtrises pas ?
présenté correctement ton texte	• Chacune de tes phrases commence-t-elle par une majuscule et se termine-t-elle par un point ? • As-tu organisé ton texte en paragraphes ? • As-tu correctement présenté les dialogues ? • As-tu bien soigné ton écriture si tu as écrit à la main ?

30 verbes modèles pour conjuguer sans faute

	Indicatif			
	présent	**futur**	**imparfait**	**passé simple**
avoir	j'ai il a/ils ont	j'aurai il aura/ils auront	j'avais il avait/ils avaient	j'eus/nous eûmes
être	je suis il est/ils sont	je serai il sera/ils seront	j'étais il était/ils étaient	je fus/nous fûmes il fut/ils furent
aimer	j'aime il aime/ils aiment	j'aimerai il aimera/ils aimeront	j'aimais il aimait/ils aimaient	j'aimai/nous aimâmes il aima/ils aimèrent
lancer	il lance/nous lançons	il lancera/nous lancerons	il lançait	il lança/nous lançâmes
manger	il mange/nous mangeons	il mangera/nous mangerons	il mangeait	il mangea/nous mangeâmes
appeler	il appelle/nous appelons	il appellera	il appelait	il appela/nous appelâmes
geler	il gèle/nous gelons	il gèlera	il gelait	il gela/nous gelâmes
jeter	il jette/nous jetons	il jettera	il jetait	il jeta/nous jetâmes
acheter	il achète/nous achetons	il achètera	il achetait	il acheta/nous achetâmes
essuyer	il essuie/nous essuyons	il essuiera	il essuyait/nous essuyions	il essuya/nous essuyâmes
envoyer	il envoie/nous envoyons	il enverra	il envoyait	il envoya/nous envoyâmes
aller	je vais il va	j'irai il ira	j'allais il allait	j'allai/nous allâmes
finir	je finis il finit/ils finissent	je finirai il finira/ils finiront	je finissais il finissait/ils finissaient	je finis/nous finîmes
partir	je pars il part	je partirai il partira	je partais il partait	je partis/nous partîmes
venir	il vient/nous venons	il viendra	il venait	il vint/nous vînmes
courir	il court	il courra	il courait	il courut/nous courûmes
cueillir	il cueille	il cueillera	il cueillait	il cueillit/nous cueillîmes
voir	il voit	il verra	il voyait	il vit/nous vîmes
devoir	il doit	il devra	il devait	il dut/nous dûmes
pouvoir	je peux/il peut	il pourra	il pouvait	il put/nous pûmes
savoir	il sait	il saura	il savait	il sut/nous sûmes
s'asseoir	il s'assied/il s'assoit	il s'assiéra/il s'assoira	il s'asseyait	il s'assit/nous nous assîmes
croire	il croit/nous croyons	il croira	il croyait/nous croyions	il crut/nous crûmes
dire	il dit/vous dites	il dira	il disait	il dit/vous dîtes
faire	il fait/vous faites	il fera	il faisait	il fit/nous fîmes
vivre	il vit	il vivra	il vivait	il vécut/nous vécûmes
prendre	je prends/il prend	il prendra	il prenait	il prit/nous prîmes
peindre	je peins/il peint	il peindra	il peignait/nous peignions	il peignit/nous peignîmes
résoudre	je résous/il résout	il résoudra	il résolvait	il résolut/nous résolûmes
mettre	je mets	il mettra	il mettait	il mit/nous mîmes

	Impératif	Subjonctif	Conditionnel
asssé composé	présent	présent	présent
'ai eu l a eu/ils ont eu	aie/ayons ayez	que j'aie/que nous ayons qu'il ait	j'aurais/nous aurions il aurait
'ai été l a été/ils ont été	sois/soyons soyez	que je sois qu'il soit/qu'ils soient	je serais/nous serions il serait
'ai aimé l a aimé/ils ont aimé	aime/aimons aimez	que j'aime qu'il aime/qu'ils aiment	j'aimerais/nous aimerions il aimerait
l a lancé	lance/lançons	qu'il lance	il lancerait
l a mangé	mange	qu'il mange	il mangerait
l a appelé	appelle/appelons	qu'il appelle	il appellerait
l a gelé	gèle/gelons	qu'il gèle	il gèlerait
l a jeté	jette/jetons	qu'il jette	il jetterait
l a acheté	achète/achetons	qu'il achète	il achèterait
l a essuyé	essuie/essuyons	qu'il essuie	il essuierait
l a envoyé	envoie	qu'il envoie	il enverrait
e suis allé/il (elle) est allé(e)	va/allons	que j'aille/que nous allions	il irait
'ai fini	finis	que je finisse	il finirait/nous finirions
e suis parti l est parti	pars/partons	que je parte qu'il parte	il partirait
l est venu	viens/venons	qu'il vienne/que nous venions	il viendrait
l a couru	cours	qu'il coure	il courrait
l a cueilli	cueille/cueillons	qu'il cueille	il cueillerait
l a vu	vois/voyons	qu'il voie/que nous voyions	il verrait
l a dû	dois	qu'il doive/que nous devions	il devrait
l a pu	/	qu'il puisse	il pourrait
l a su	sache	qu'il sache	il saurait
l s'est assis	assieds-toi/asseyons-nous	qu'il s'asseye/qu'il s'assoie	il s'assiérait
l a cru	crois/croyons	qu'il croie	il croirait
l a dit	dis	qu'il dise	il dirait
l a fait	fais/faisons	qu'il fasse/que nous fassions	il ferait
l a vécu	vis	qu'il vive	il vivrait
l a pris	prends	qu'il prenne	il prendrait
l a peint	peins/peignons	qu'il peigne/que nous peignions	il peindrait
l a résolu	résous/résolvons	qu'il résolve	il résoudrait
l a mis	mets/mettons	qu'il mette/que nous mettions	il mettrait

CREDITS ICONOGRAPHIQUES

Page 13 ph © RMN/Hervé Lewandowski

Page 27 ph © Archives Alinari, Florence, Dist. RMN/Luciano Pedicini

Page 40 ph © Archives Hatier

Page 41 ph © The Bridgeman Art Library/ADAGP, Paris 2010

Page 54 ph © Charles Knox/Age Fotostock

Achevé d'imprimer par l'Imprimerie de Champagne à Langres — France
Dépôt légal : 05116-4/01 — Novembre 2018

IMPRIM'VERT

PAPIER À BASE DE FIBRES CERTIFIÉES

Hatier s'engage pour l'environnement en réduisant l'empreinte carbone de ses livres. Celle de cet exemplaire est de : 250 g éq. CO_2 Rendez-vous sur www.hatier-durable.fr